南京农业大学经济管理学院论丛

—— 博士论文卷 ——

结构调整与技术进步对中国粮食生产的影响研究

——基于产量和生产成本角度的考察

Analysis of the Impact of Cropping Pattern Change and Technical Progress on China's Grain Production with Focus on Dynamics in Output Level and Production Cost

李天祥◎著

经济管理出版社
ECONOMY & MANAGEMENT PUBLISHING HOUSE

图书在版编目（CIP）数据

结构调整与技术进步对中国粮食生产的影响研究：基于产量和生产成本角度的考察/李天祥著．—北京：经济管理出版社，2017.12

ISBN 978－7－5096－5586－3

Ⅰ．①结…　Ⅱ．①李…　Ⅲ．①粮食—生产—研究—中国　Ⅳ．①F326.11

中国版本图书馆 CIP 数据核字（2017）第 320533 号

组稿编辑：曹　靖
责任编辑：曹　靖　周晓东
责任印制：黄章平
责任校对：陈　颖

出版发行：经济管理出版社
（北京市海淀区北蜂窝 8 号中雅大厦 A 座 11 层　100038）
网　　址：www.E－mp.com.cn
电　　话：（010）51915602
印　　刷：三河市延风印装有限公司
经　　销：新华书店
开　　本：720mm×1000mm/16
印　　张：10.5
字　　数：200 千字
版　　次：2018 年 6 月第 1 版　　2018 年 6 月第 1 次印刷
书　　号：ISBN 978－7－5096－5586－3
定　　价：68.00 元

联系地址：北京阜外月坛北小街 2 号
电话：（010）68022974　　邮编：100836

编委会名单

总序

南京农业大学是教育部直属的“211工程”重点建设大学，经济管理学院的前身是金陵大学和中央大学农业经济系，历史悠久，源远流长。金陵大学农业经济系自1920年起招收农业经济学本科生，自1936年起招收农业经济学研究生。当时的系主任卜凯（John Lossing Buck）教授领导全系师生从事的中国农村土地利用制度和经济社会发展状况的系统调查和建立在调查基础上的分析、研究，是利用现代经济学理论研究中国农村问题的划时代成果，至今在国际学术界仍具有重大影响。

注重调查实证的传统在南京农业大学经济管理学院得到了发扬光大。经过数代人的努力，本院农业经济管理学科在全国同类学科中处于领先地位，继1989年首批被评为国家重点学科之后，2001年、2006年再次被评为国家重点学科。经济学、管理学等学科也得到很快发展，目前拥有农林经济管理及应用经济学两个一级学科博士点。作为全国最早获准招收硕士及博士研究生的单位，在研究生培养方面注重质量，取得了突出的成绩。在迄今为止的全国百篇优秀博士论文评选中，南京农业大学经济管理学院有三篇博士论文先后入选全国优秀博士论文。为了更好地传播科研成果，南京农业大学经济管理学院自2001年起资助编辑和出版一系列学术著作，《南京农业大学经济管理学院论丛——博士论文卷》就是其中的一种。我们希望通过这种方式鼓励研究生做出更多、更优秀的成果，也希望通过这种方式加强与学术界同行的交流，促进经济管理类学科的发展。

钟甫宁

南京农业大学经济管理学院

目　录

第1章　导　论

1.1　问题提出与研究意义

1.1.1　问题提出

“民以食为天”，作为中国这样的人口大国，粮食安全始终是关系国民经济发展、社会稳定和国家安全的全局性重大战略问题。“手中有粮，心里不慌”，中国政府也始终把保障粮食安全作为最基本的政策目标之一，同时把粮食自给率作为衡量粮食安全的最基本指标（钟甫宁，2016；Zhang，2016）。考虑到我国人多地少、资源相对稀缺，过去我们一直强调粮食高自给率，主要是基于两方面原因的考量：一是在特殊的非和平时期，防止其他国家利用粮食贸易限制或者禁运等手段威胁我国国家安全（朱晶、钟甫宁，2000）；二是在和平时期，避免粮食价格出现大的波动，进而影响社会经济稳定（钟甫宁，2011）。为了实现高自给率的目标，长期以来国内几乎所有的农业政策与措施都是围绕如何提高粮食产量来制定与推进的。

不容否认，在一定的历史条件下，将“粮食安全等同于粮食高自给率和高产量”的认识有其合理性，然而，伴随着国际政治与经济环境的稳定及国内外粮食市场融合程度的不断深入，这种观点也遇到了一些挑战（仇焕广等，2015；全世文、于晓华，2016），而且难以解释当前我国粮食安全出现的一些新问题。例如，一方面，虽然中国粮食刚刚实现了连续12年增产（以下简称“12连增”）、产量连续3年超过6亿吨，但是我国的粮食自给率却并没有上升，反而出现了下降，至2015年如果算上大豆在内，中国广义的粮食自给率已经下降至85%左右，谷物自给率也降到了约95%；另一方面，在国内玉米等主要粮食作物产量爆发性增长，并且远超消费需求，已经出现大量库存的情况下，中国粮食进口量非但没有减少、反而持续增加，还出现了“洋货入市、国货入库”等一系列矛盾和反常的现象。这些问题一定程度上表明，在开放的条件下，我国粮食安全问题的表现形式已经不再只是提高国内粮食产量的问题，而是越来越多地体现为如何降低国内粮食生产成本、提高粮食国际竞争力的问题。

在这样的背景下，究竟应当如何看待粮食安全的产量目标和竞争力目标之间的关系？产量目标与竞争力目标之间是否总是会完全统一的？进一步地，中国过去所采取的一系列推动粮食增产的手段和措施，是否也能够同时起到降低粮食生产成本、提高竞争力的作用？对上述问题进行分析和讨论，无疑具有重要的理论和现实意义。

从提高粮食产量的角度出发，在中国粮食产量“12 连增”期间，一些手段和措施被视为行之有效。一般认为，增加粮食产量的途径主要有两条：一是扩大粮食播种面积，二是提高粮食单位面积产量。考虑到我国水土资源形势严峻，多数的研究都认为依靠技术进步提高粮食单产已经并将继续成为推动我国粮食增产的主要途径（翟虎渠，2010；袁隆平，2011 等）。然而，技术进步并非是影响粮食单产的唯一因素，要素投入的变化、粮食生产结构的改变等可能都会对粮食单产造成影响。其中，粮食生产结构调整对粮食单产的影响作用往往容易被忽略。实际上，由于不同粮食作物之间单产存在一定差距，例如玉米的单产是大豆的 3 倍，因而通过改变不同作物的种植比例和结构，采用高产作物替代低产作物来挖掘作物间的“单产差”，也可以在即使不依靠技术进步提高各粮食作物自身单产水平的情况下，实现粮食加权平均单产的提高。中国粮食“12 连增”过程中这种结构调整的现象其实表现得比较突出，但是这种结构调整所导致的粮食增产实际上与技术进步与否并没有直接关系。那么，结构调整和技术进步到底对中国粮食产量变动有何影响？两者对粮食产量增产的贡献程度究竟几何？回答这些问题，不仅有助于厘清推动中国粮食增产的主要因素到底是什么，而且也能为判断中国今后的粮食增产潜力及增产方向提供有益的启示。

而从提高竞争力的角度出发，如果技术进步、结构调整对粮食产量的增长确实起到了巨大的推动作用，那么它们是否能够同样地发挥降低粮食生产成本、提高竞争力的作用呢？进一步地，在目前劳动力、土地等生产要素价格持续上涨推动国内粮食生产成本节节高升的趋势下，今后的结构调整与技术进步，如何把降低成本、提高竞争力作为一个重要的发展方向？这些问题也都值得进行深入的分析与研究。

有鉴于此，本书拟基于经济学的相关原理，在分析产量目标和竞争力目标之间的关系、阐释两者之间的不完全统一性等问题的基础上，以结构调整和技术进步这两种手段为例，分别从产量和生产成本角度来考察其对粮食增产和降低生产成本、提高竞争力的影响与作用，以期能够在解释我国粮食增产的真正原因的同时，也能对产量目标和竞争力目标之间的非统一关系进行检验，并为今后如何调整粮食安全目标、保障国家粮食安全提供有价值的理论参考与对策建议。

1.1.2 研究意义

就研究的理论意义而言，本书具有重要的学术价值。首先，尽管目前已有大量的文献对影响中国粮食产量变动的因素进行了讨论，但是将结构调整作为重要的影响因素纳入分析框架的研究依然比较少见，本书尝试对结构调整对中国粮食增产的贡献程度进行测度；其次，目前比较一致的观点都认为依靠技术进步提高粮食单产是当前及今后中国粮食增产的关键，大量的研究也曾尝试测度了技术进步对我国粮食或主要粮食作物产量及单产的影响，但以“12 连增”作为考察对象的研究还很少，且考虑到仅仅依靠结构调整其实也能够提高粮食总体的单产水平，忽略这一因素极有可能导致技术进步对粮食增产作用的错误估计，因而十分有必要对此进行重新测算；最后，在开放的条件下，保障粮食安全不仅应当关注粮食产量，更应当关注粮食的生产成本和国际竞争力。目前，鲜有研究系统分析结构调整和技术进步对中国粮食生产成本的影响，以及二者在促进粮食增产和降低成本、提高竞争力方面是否存在结果不一致等问题，本书尝试对这一领域的研究进行拓展与丰富。

本书也具有一定的现实意义。伴随着中国粮食安全领域出现的新形势、新问题，粮食安全已经不再是总量问题，而越来越多地体现为结构问题和竞争力不足的问题。中国过去的粮食生产无论是依靠技术进步、结构调整，还是其他因素，往往都只是以追求高产量和高自给率为目标，而忽略了品种结构的平衡和竞争力的提高。一方面，系统地测度结构调整、技术进步在我国粮食增产过程中所发挥的作用，分析推动粮食增产的根本因素究竟是什么，不仅有助于加深对这些问题的理解和认识，而且对于解释和解决目前中国粮食安全面临的矛盾和问题也可能会具有重要的启示意义。另一方面，深入考察结构调整、技术进步是否能够起到降低粮食生产成本、提高竞争力的作用，不仅有助于厘清产量目标与竞争力目标之间的关系，而且对于政府制定和调整相关的粮食政策无疑也会具有重要的借鉴意义和参考价值。

1.2 研究目标与研究内容

1.2.1 研究目标

本书的总目标是结合目前国内粮食安全存在的突出问题，深入分析粮食产量目标和竞争力目标之间的关系，并以结构调整①、技术进步这两项具体的措施手段为例，分别考察其对提高粮食产量和降低生产成本、提高竞争力的影响与作用，以期能够为正确地认识我国粮食增产的真正推动因素及今后应如何调整粮食安全目标、保障国家粮食安全提供有价值的理论参考与对策建议。具体的研究目标如下：

目标1：分析粮食产量目标和竞争力目标之间的关系，从理论上阐释两者之间的不完全统一性问题；

目标2：以结构调整和技术进步这两种手段为例，分别从产量和生产成本的角度考察其对粮食增产和降低粮食生产成本、提高竞争力的影响和作用，以期能够在解释我国粮食增产的真正原因的同时，也能对产量目标和竞争力目标之间的关系是否存在不一致性进行检验；

目标3：在上述分析的基础上，针对今后如何调整粮食安全的保障目标、如何更好地保障国家粮食安全提供有针对性的对策建议。

1.2.2 研究内容

为实现上述研究目标，本书拟开展的研究内容主要包括如下六个部分：

内容1：建立合适的分析框架，探讨粮食产量目标和竞争力目标之间的关系，阐释二者的不完全统一性及本书研究的思路与逻辑。

内容2：测度结构调整对中国粮食产量变动的影响。将粮食产量的变动分解为播种面积增加效应、粮食作物纯单产提高效应和结构调整效应三个构成部分，分别测度不同部分对粮食增产的影响，并重点讨论结构调整在其中所发挥的作用。

内容3：测度技术进步对中国粮食产量变动的影响。在综合考虑结构调整和要素投入等因素的基础上，对技术进步对中国粮食增产的影响和贡献进行重新

① 农业结构调整有不同层次的定义，本书重点分析不同粮食作物（小麦、玉米、水稻、大豆等）之间的种植比重变化的结构调整，详见本书第2章2.1.3。

测度。

内容4：分析结构调整对中国粮食生产成本和竞争力的影响。通过对国内不同粮食作物及中国与美国主要粮食产品的成本与价格等方面的综合比较，来探讨结构调整是否能够起到降低粮食生产成本、提高竞争力的作用。

内容5：测度中国主要粮食作物生产的技术进步偏向。在考察中国粮食生产要素投入结构变动的基础上，实证测度主要粮食作物生产技术进步的要素投入偏向。从技术进步到底是节约还是使用哪些生产要素的角度来探讨技术进步对中国粮食生产成本变动的影响。

内容6：总结和比较结构调整与技术进步对粮食增产和降低粮食生产成本、提高竞争力的影响和作用，为调整粮食安全的保障目标、保障国家粮食安全提供对策建议。

1.3 研究方法与数据来源

1.3.1 研究方法

本书将以农业经济学和国际贸易学的相关理论为基础，采用理论研究与实证研究相结合、定性分析与定量分析相结合、统计分析与数理模型相结合的研究范式，通过收集、整理和分析相关数据，在前人研究的基础上，分别从产量和生产成本的角度来分析结构调整与技术进步对我国过去十多年来粮食生产发展的影响。拟采用的研究方法主要包括：

（1）文献归纳法。文献阅读与归纳是有效开展研究工作的基础前提。为了更好地实现研究目标、完成研究内容，本书将首先对国内外关于中国粮食安全问题及相关领域的研究进展和研究成果进行系统的梳理与回顾，这一方面有助于“站在前人的肩膀上”，将已有研究之成果为我所用；另一方面也可以通过发现现有研究的不足和需要改进之处，提示和总结出本书的研究问题及研究意义。

（2）统计分析法。结合官方和其他渠道公布的各种粮食生产、消费、贸易等方面的数据，运用描述性统计分析的方法，分析我国粮食生产发展的基本情况及存在的问题、主要粮食作物生产成本与要素投入结构的变化及国际竞争力的比较等，是本书的一项重要的研究工作。

（3）数理与数量经济分析法。基于数理经济学的相关原理和方法，采用合理且恰当的经济计量模型或工具对数据进行分析和解读，往往能够使研究过程更具科学性和严谨性，得出的研究结论也更有说服力。因此，本书拟借助多种数理和数量经济计量的方法和工具，系统测度和分析结构调整与技术进步对中国粮食产量和生产成本变动的影响作用及与之相关的其他问题等。具体而言，本书所采用的方法既包括基于数理推导的指数分解法（IDA），也包括随机前沿生产函数（SFA）、偏向调整的 Malmquist 生产率指数和数据包络分析（DEA）等参数与非参数方法的经济计量模型等。有关完成具体研究内容所采用的实证方法的基本原理及使用中应注意的主要问题等，将在随后的相关章节中进行详细的介绍和讨论。

1.3.2 数据来源

本书所采用的数据主要包括：中国粮食及主要粮食品种的生产、消费、贸易数据；全国及不同省份各种粮食作物生产的成本与收益数据；部分世界主要粮食生产国粮食价格和成本的数据，以及汇率、生产者价格等研究所需要的其他一些数据等。

数据来源主要包括《中国统计年鉴》《中国农村统计年鉴》《全国农产品成本收益资料汇编》《中国粮食年鉴》《中国物价年鉴》《中国农产品价格调查年鉴》等国内可公开获得的统计资料，以及联合国粮农组织数据库（FAOSTAT）、世界银行数据库（World Bank Database）、经济合作与发展组织（OECD）与美国农业部（USDA）等国际机构和组织的官方网站等。

1.4 论文结构安排与技术路线

1.4.1 章节安排

第 1 章是导论，主要说明研究的问题提出和研究的理论及现实意义。

第 2 章是理论回顾与文献综述，在对相关概念的定义进行准确界定的基础上，梳理与本书相关的经济及发展理论，并对国内外研究进展进行整理和回顾，为后续之研究提供所需的理论和实证依据。

第 3 章是研究背景与分析框架。结合粮食生产、消费、贸易、库存等多方面的相关数据，对中国目前的粮食安全形势进行概要的描述，明确本书的选题背景及研究问题；并从理论上论证粮食安全的产量目标和竞争力目标的非统一性，说明本书的研究思路及后续章节安排的逻辑关系。

第 4 章是结构调整对粮食增产的影响和贡献程度分析。结合 2003 ~2014 年全国及分省区粮食生产的相关数据，采用指数分解法（IDA）测度结构调整在中国粮食“12 连增”中所发挥的作用和贡献程度大小。

第 5 章是技术进步对粮食增产的影响和贡献程度分析。在综合考虑要素投入和结构调整等因素的基础上，基于省级面板数据，采用随机前沿生产分析（SFA）方法对中国粮食生产的技术效率及其影响因素、技术进步及其对粮食增产的影响与贡献程度进行实证分析。

第 6 章是结构调整对粮食生产成本与国际竞争力的影响分析。通过对国内主要粮食产品及中美主要粮食产品的生产成本、价格等方面的综合比较，分析结构调整是否能够起到降低粮食生产成本、提高竞争力的作用。

第 7 章是技术进步对粮食生产成本的影响分析：基于技术进步偏向视角。在考察粮食作物要素投入结构变动的基础上，采用偏向调整的 Malmquist 生产率指数和数据包络分析（DEA）方法测度我国粮食生产的技术进步方向及要素投入偏向，分析其对粮食生产成本的影响。

第 8 章是结论与政策建议。总结与比较结构调整、技术进步对粮食增产和降低粮食生产成本、提高竞争力的影响和作用，提出保障国家粮食安全的相关对策建议，并展望未来可能的研究方向。

1.4.2 技术路线

根据本文的研究思路和研究内容，本研究的技术路线如图 1－1 所示。

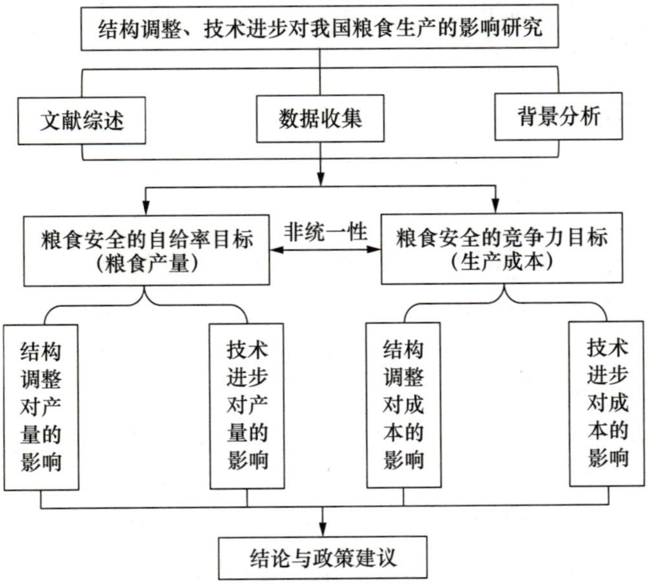

图 1－1　技术路线

1.5 可能的创新与不足

1.5.1 可能的创新

与已有相关文献相比，本书可能的创新之处主要体现在如下两方面：

首先，研究视角方面，本书强调应当基于综合考虑粮食产量和生产成本的角度来研究和分析中国的粮食安全问题。中国传统的“粮食安全观”高度重视粮食自给率和粮食产量，将提高或保持高自给率等同于增加粮食产量来看待。这种认识尽管在特定的历史阶段有其合理性，但在越来越开放的市场环境中则可能需要适时地做出一些调整和改变。简单地从产量的角度来分析中国粮食安全问题并不全面，应当更加深入地考虑粮食生产成本与竞争力问题。

其次，研究内容方面，相比以往研究，本书对如下几方面的研究进行了拓展与丰富：第一，在考虑结构调整等因素的基础上对结构调整、技术进步对中国粮食产量的影响进行了重新测度，有助于对我国粮食产量的重要因素进行较为全面的分析；第二，深入考察了结构调整和技术进步对中国粮食生产成本的影响，以及二者在促进粮食增产和提高竞争力上的不完全统一性等问题，不仅有助于正确认识粮食安全的产量目标和竞争力目标之间的关系，而且对于政府制定和调整相关的粮食政策也具有重要的借鉴意义和参考价值。

1.5.2 不足之处

囿于数据、方法及作者的研究能力，本书也存在一些不足之处，主要体现在：

（1）本书在分析和论证结构调整和技术进步对粮食安全的竞争力目标的影响时，主要是从其对生产成本的影响角度来考察的。而对从提高农产品品质和附加值、以优质优价方式提升竞争力则并未进行分析和讨论，这也是今后需深入考察的一个重要研究视角。

（2）受数据可获性限制，本书在分析结构调整对粮食生产成本和国际竞争力的影响时主要是以美国的数据进行比较分析，未能全面使用其他粮食生产国和出口国数据。虽然美国作为粮食生产和贸易大国其生产成本和国际竞争力具有较好的代表性，但如能获得更加全面的世界其他主产国或主要出口国不同粮食生产成本收益的数据，将会有助于提高结果的精准性。

（3）本书分析的时间跨度是2003～2014年（由于部分数据缺失，测度技术进步对粮食增产贡献的数据是2003～2012年）。2014年以后伴随着国内农业供给侧结构性改革的推进，我国粮食价格支持政策体系及农业补贴政策正在发生较为显著的转变，包括粮食种植结构的调整方向。如能够结合政策调整后的相关数据与本书现有的分析之间做相应比较，可能会有有益的发现和更具启示性的政策建议。这也是笔者未来可以进行更深入研究和探索的一个方向。

第2章　理论回顾与文献综述

对理论与文献的阅读和归纳是有效开展研究工作的基础前提。为了更好地完成后续的研究分析工作，有必要对本书所涉及的相关理论及国内外研究进展进行系统回顾与总结，为后续之研究提供所需的理论和实证依据。有鉴于此，本章将从四个部分来进行梳理和展开：第一部分是对粮食安全、粮食自给率、农业结构调整、技术进步、技术进步偏向等相关概念的界定，以明确其内涵和外延；第二部分为理论基础，简要回顾了农业发展阶段理论、诱致性技术创新理论及比较优势和竞争优势理论等，为本书后面的研究提供必要的理论支撑；第三部分是文献回顾；第四部分则是对理论和文献回顾的总结与评述。

2.1　相关概念界定

2.1.1　粮食安全

自20世纪70年代起，全球性的粮食危机使得粮食安全这一问题受到广泛关注。然而，粮食安全并非一个一成不变的概念，其内涵与外延随着社会的发展和认识的加深而不断地丰富与扩展（Pinstrup - Andersen，2009）。1974年的世界粮食大会上首次提出“粮食安全”（Food Security）定义为“保证任何人在任何时候都能得到为了生存和健康所需要的足够食物”（FAO，1974）。该定义主要关注的是食物的供应问题以及粮食安全在人类生存和健康方面的重要作用。其后，FAO（1983）将该定义扩大为“粮食安全是确保所有人在任何时候既能买得到又能买得起他们所需要的基本食物”。这个定义在保证粮食供应的基础上，增加了对于粮食需求和消费方面的关注。接着，1996年的《粮食安全罗马宣言》又将粮食安全表述为：“粮食安全是让所有人在任何时候都能在物质上和经济上获得足够有营养和安全的食物来满足其积极和健康生活的膳食需要及食物喜好。”（FAO，1996）这次定义的调整表明，随着经济发展水平的不断提高，粮食安全不再局限于可获得性，开始强调粮食本身的安全性、营养性以及其对于人类需求的满足，甚至是食物偏好的满足。随后，FAO（2002）又特别强调了持续粮食安全的必要性，即在延续粮食安全概念的基础上，要求无污染、无公害、向消费者提供增强健康、保证延年益寿的粮食和其他食物。这次定义调整是用发展的眼光来看待粮食安全问题，并将环境保护纳入考虑范畴。2009 年，世界粮食安全委员会（Committee on World Food Security）在其改革文件中再一次明确提出“粮食安全系指所有人在任何时候都能通过物质、社会和经济获得充足、安全和富有营养的食物，满足其保持积极健康生活所需的膳食需要和食物喜好。粮食安全的四大要素是可供量、获取、利用和稳定。营养问题是粮食安全概念和粮安委工作不可分割的一部分”（张元红等，2013；Anderson 等，2013）。

而在对粮食安全定义的认知和理解方面，目前国际上比较流行的说法认为，粮食安全可从宏观层面（国家或者地区）的粮食供给能力和微观层面（家庭乃至个人）的粮食获取能力两方面进行解读。Reutlinger 和 Knapp（1980）认为，粮食安全是一种一国居民食物消费下降到最低消费水平的概率很低的状态。Farsund（2015）把粮食安全看作是缺粮国家或其个别地区或家庭逐年满足其标准消费水平的能力。Renzaho 和 Mellor（2010）认为，粮食安全在不同环境（和平稳定或者紧急状态）和不同层次上（国家或者家庭层面）有不同的评估标准。Gautam 和 Yu（2015）提出粮食安全应从宏观和微观两个层面研究，宏观层面上的粮食安全由整个国家的粮食获取能力来反映，微观层面由家庭的粮食获取能力来反映，而更微观的粮食安全通过个人的营养安全状况来反映。Radimer 等（2002）、Carletto 等（2013）、Jones 等（2013）、Qureshi 等（2015）的研究均指出，粮食安全应当被更广泛地应用在家庭层面的福利衡量上，并且其更易操作和实施。近年来，一些国际性的研究机构和著名媒体还根据对粮食安全定义的不同理解和认知，定期发布一些采用不同方法计算得到的与全球粮食安全相关的指标。例如，总部位于美国华盛顿的国际食物政策研究所从 2006 年起每年发布全球饥饿指数（Global Hunger Index，GHI），以营养不良人口比例、体重过轻儿童比例、身高不足儿童比例、儿童死亡率等因素作为衡量指标，通过加权计算得到得分数值，以反映全球及区域之间的饥饿问题与改善程度（International Food Policy Research Institute，2016）；全球知名的英国《经济学人》杂志每年也会发布《全球粮食安全指数报告》（Global Food Security Index Report），从食物获取的价格承受力（Food Affordability）、可供给量（Food Availability）、食物质量和安全性（Food Quality & Safety）3 个维度，选择具体指标，构建粮食安全评价指标体系，对全球部分国家和地区的食物安全状况进行了评价（The Economist Intelligence Unit，2017）。

从上述对粮食安全定义及现有研究对粮食安全定义认知情况的梳理可以看出，粮食安全的概念本身比较模糊且不易度量。因此，在实践中，对于粮食安全的理解及如何保障粮食安全，不同的国家和地区关注的着眼点往往会存在较大的不同（Pinstrup - Andersen，2009；Headey and Ecker，2013）。多数西方发达国家，如美国、西欧国家等，目前对粮食安全的关注多集中在微观层面的家庭食物可获性及营养方面，尤其是弱势群体和贫困群体的食物可获取能力；而另一部分国家，特别是亚洲地区的日本、韩国、中国等，则主要强调从总量上供应足够多的粮食以防止一旦发生突发情况或意外（如粮食减产、粮食贸易禁运等）而造成的食物供应短缺与社会恐慌（于晓华等，2012；姜长云等，2014）。对于后者而言，这些国家通常将粮食自给率视为衡量粮食安全的最基本指标（钟甫宁，2016；Zhang，2016）。然而，正如本书后续的讨论所说明的那样，随着经济的发展及与国际农产品市场融合程度的提高，这些国家固守粮食自给率的目标往往很难继续实现，粮食安全保障的目标可能需要适时进行相应的调整。

2.1.2 粮食自给率

粮食自给率是指在一定时期内一个国家或者地区的粮食消费需求依靠自我供给的满足程度（毛学峰，2016），可以用一国或地区自己生产和储备的能够用来满足消费的粮食与粮食总消费需求之比来表示（邓大才，2003；尚强民，2013）。由于粮食自给率能够比较简单直观地反映一个国家的饭碗能否端在自己手上、需要在多大程度上依赖国际贸易（姜长云等，2014），因此，该指标被认为是反映一个国家或地区粮食安全的重要指标之一，并被很多国家，尤其是一些人口众多的亚洲国家（如日本、韩国、中国等）高度重视，并作为衡量国家粮食安全程度的重要表征变量。

在计算“粮食自给率”时，首先需要区分“食物”（Food）、“粮食”（Grain）和“谷物”（Cereal）这三个相似却又并不相同的概念（李显戈，2015；陈源源等，2017）。根据国家统计局对“粮食”的定义，中国的“粮食”品种主要包括谷物、豆类和薯类，其中谷物包括小麦、稻谷、玉米、谷子、高粱和其他谷物；豆类包括大豆、绿豆、红小豆等；薯类则包括马铃薯和甘薯等。而国际上并不存在与中国口径完全一致的“粮食”概念，例如，FAO 采用的“谷物”的概念仅包括稻谷、小麦、粗粮（包含玉米、大麦、高粱等），并不包含薯类和豆类。此外，还需要注意的是，“Food Security”在中国通常被翻译成“粮食安全”，但其中“Food”一词准确的含义应当是“食物”。事实上，在 FAO 的统计目录中

“食物”一般包含8大类106个品种①，其概念范围远比“粮食”要宽泛得多。因此，正如郭秀枝等（2008）、姜长云等（2014）、郭修平（2016）等的研究所指出的，在谈论“粮食自给率”时，十分有必要先对谷物、粮食、食物等概念进行清晰的界定。由于在我国“粮食”与国际统计口径上存在明显不同，国内外粮食自给率（更准确地讲是食物自给率）可能并不具备统计上的可比性；相反，谷物自给率的可比性可能相对会更强一些（姜长云等，2014）。

除了对于“粮食”定义的范围口径不同会影响粮食自给率的计算外，采用不同的计算方法得出的粮食自给率的计算结果也会存在较大不同。目前来看，关于粮食自给率计算的方法有很多种。冯昭奎（2008）、杨秀玉等（2014）、安琪等（2017）在总结日本等国家食物自给率变动情况的基础上指出，计算食物自给率至少有四种方法：一是以热量单位卡路里来计算食物自给率，这种方法注重食物的基础营养价值，可以计算每个国民每天摄取的热量中国产粮食所提供的热量的比例；二是以生产额来计算食物自给率，即按照金额来计算国民消费的食物中国产食物所占的比重，这种方法的优点在于能够较好地反映出热量比较低，但对人体健康有重要作用的蔬菜和水果等食品的自给率；三是按照重量来计算食物自给率，即国内生产的粮食量占到国内生产总量和进口量之和的比例；四是以谷物自给率代表食物自给率，这是多数发达国家一般采用的方法，但在自给率的计算公式上又可以划分为两类：一类是以日本农林水产省为代表，采用的计算公式是：谷物自给率=谷物的国内产量/谷物的国内消费量，其中，谷物的国内消费量=国内生产量+进口量-出口量-库存增加量；另一类是以FAO的计算方法为代表，谷物自给率=谷物的国内生产量/(生产量+进口量-出口量)×100%。两种计算方式皆有一定的合理性，其中第一种方式考虑了库存变动对自给率的影响，而后一种方式则仅仅考虑了国内产量占当年新增国内供应量的比重。此外，国内的部分学者，如毛学峰（2016）、尹风雨和龚波（2017）等，还提出了另外一种以播种面积来计算粮食的土地自给率的方法。这种方法认为按照重量来计算粮食自给率存在无法对不同粮食品种进行区别对待的问题，因此，可以考虑按照“耗地”程度差异来对不同品种的权重进行区分。例如，就全国平均水平而言，小麦单产水平一般低于玉米，进口等量的小麦和玉米，前者进口的虚拟土地更多，而后者则相对较少。但这种计算方式可能也存在一定的局限性（毛学峰，2016），比如多数的研究在计算粮食的土地自给率时，仅停留在粮食作物范围内，并没有扩大到食品类别等。

---

① FAO统计目录中“食物”的8大类106个品种分别是：（1）谷物类8种；（2）块根块茎作物类5种；（3）豆类5种；（4）油籽、油果等油料类作物13种；（5）蔬菜及瓜类20种；（6）糖料作物3种；（7）水果、浆果24种；（8）家禽、家畜及其他畜产品28种，详见李显戈（2015）。

需要说明的是，考虑到数据可获性原因，并且为了计算的方便，本书将采用中国粮食的概念，借鉴 FAO 的计算公式，按照重量来计算中国的粮食自给率。具体而言，计算的公式为：粮食自给率 = 粮食的国内生产量/(生产量 + 进口量 - 出口量) ×100%。

2.1.3 农业结构调整

农业结构调整是本书关注的另一个非常重要的概念。改革开放以来，伴随着社会主义市场经济体制的建立，我国农业结构战略性调整的步伐持续加快，以市场为导向的农业生产结构不断优化，农业综合生产能力显著提高（高强、孔祥智，2014）。尤其是进入新世纪以来，确保国家粮食安全和重要农产品有效供给已经成为中国发展现代农业之首要任务，也构成了新时期国家农业结构调整政策的重要内容（叶兴庆，2016；黄祖辉，2016）。2000 年的中央农村工作会议明确提出“推进农业和农村经济结构战略性调整，是农业发展新阶段的中心任务”，其后历年的重要的农业政策文件，包括 2004 ~2017 年的连续 14 个中央“一号文件”中都强调了农业结构调整对农业和农村经济发展的特殊重要性①。2015 年国家印发的《关于进一步调整优化农业结构的指导意见》以及 2017 年中央“一号文件”《中共中央、国务院关于深入推进农业供给侧结构性改革加快培育农业农村发展新动能的若干意见》，标志着我国新一轮以农业供给侧结构性改革为标志的农业结构调整正式拉开序幕。

根据熊德平（2002）、王立全等（2016）所给出的定义，“农业结构是一个多层次的动态的复合系统，指在农业系统经济区域内，各个经济部门及其所属各门类、各生产项目的比例关系、结合形式、地位作用和运动规律等”，而农业结构调整则是指调整农业各部门之间及其与市场之间的关系，利用市场对农业生产要素或资源进行重新配置与组合（张九汉，2001）。薛绍华（2001）、谢恩魁等（2002）指出，农业结构调整是随着农业、农村以及社会生产力的发展逐步进行的，是一个循序渐进、不断优化的动态过程；张兵、刘丹（2013）认为，农业结构是指一个国家或地区农业中各个产业的构成情况和比例关系，它可以反映一个国家或地区农业资源配置和产出的情况，而农业结构调整则是对原来农业资源配置和产出状况的调整，其目的是优化资源配置；傅晨等（2016）强调我国“新常态”下的农业结构调整是在“高起点上的主动作为、主动调优”，是“调优调精调深，努力实现我国农业发展在高起点上再登新台阶”；农业结构调整任务更加艰巨复杂、手段更加多元和综合，既要坚持数量质量效益并重，也要促进第

① 有关中国农业结构调整政策的演变历程及相关的文件，参见高强、孔祥智（2014）。

一、二、三产业融合，还要统筹城乡协调发展，并要统筹利用国内外“两个市场、两种资源”；农业结构调整应当更加注重市场导向和政策支持、更加注重深化改革和科技驱动、更加注重服务和法治保障。刘凌霄（2015）进一步指出农业产业结构的调整、优化与升级，不仅表现为大农业内部农、林、牧、渔四个行业比例关系的调整，以及四个行业内部各子行业、子行业的子行业等比例关系的调整；而且伴随着外部环境和经济条件的改变和影响，农业生产方式、制度安排、组织形式和金融方式等一系列问题也将相应地发生调整与变化。总体而言，农业结构调整是农业经济发展过程中多种因素和多层次关联的综合反映（刘媛媛，2013），结构调整的含义基本可以涵盖我国农业和农村发展的各个层面。

在具体的研究中，不同的研究者根据研究问题和研究对象的不同，对于结构调整的层次和范围的界定也有较大区别。具体而言，农业结构大体可以划分为四个层次，农业结构调整的研究也将从这四个层面上来展开：第一个层次是农业的部门结构，即大农业内部农、林、牧、渔四个部门之间的配比结构，代表性的研究有钟甫宁、朱晶（2001）和李国祥（2005）等；第二个层次为部门内部的结构，如种植业方面粮经作物和饲料作物的配比结构等，代表性的研究包括徐志刚（2001）、叶春辉（2004）等；第三个层次则是指粮食作物及经济作物等的内部结构，即粮食或经济作物内部不同作物之间的比例结构，代表性的研究包括朱晶等（2013）、Li 等（2016）；第四个层次是农产品品种结构，即同一种农产品的不同类型或不同品质之间的结构，如小麦强筋和弱筋、不同等级或品质的稻米等，这方面的研究主要包括程式华、庞乾林（2005）等。

需要说明的是，本书所讨论的结构调整将聚焦在上面所提到的第三个层次，即讨论粮食内部不同粮食作物之间种植结构的调整对我国粮食产量和生产成本的影响。另外，如前所述，与国际上通行的“粮食”概念仅包含稻谷、玉米、小麦等谷物不同，中国的粮食定义涵盖范围更为广泛，除了包含上述谷物外，还包括豆类和薯类等多种粮食作物（Fan and Agcaoili - Sombilla，1997）。在本书中，为了分析方便，我们将中国的粮食作物划分为稻谷、小麦、玉米、大豆和其他粮食作物（包括薯类、其他豆类和谷物等不属于前四种类型的所有粮食作物）五大类。

2.1.4 技术进步

对技术进步理论的关注源于对经济增长理论的研究（潘士远、史晋川，2002）。从传统的哈罗德—多玛模型到新古典的经济增长模型，虽然在实质上和风格上都有明显的区别，但它们都意味着总收入和总产出的增长仅仅源于所使用的投入要素（资本和劳动等）量的增加（海韦尔·琼斯，1999）。然而，这些模型并不能很好地描述增长的全面机理，尤其是无法解释所谓的“索洛残差”问题，原因在于它们在强调投入的积累时，忽略了经济增长中一个重要因素，即工艺的变革，或者称为技术的因素。

关于技术进步对经济增长的影响现已基本达成共识，但是对于技术进步却很难给出一个全面完整的定义。按照百度百科所给出的词条解释，技术进步有广义与狭义之分：狭义的技术进步主要是指生产工艺、中间投入品以及制造技能等方面的革新和改进，包括对旧设备的改造和采用新设备改进旧工艺等不同的表现形式；而广义的技术进步则是指技术所涵盖的各种形式知识的积累与改进。

作为经济增长的重要影响因素，早期许多著名的经济学家都曾对技术进步的含义提出自己的见解。例如，约瑟夫·熊彼特在分析大量有关技术进步案例的基础上得出，技术进步是一个包括技术发明、技术创新、技术创新扩散三个方面，以及三者之间相互联系、相互作用的动态过程（Schumpeter and Backhaus，2003；Ehnts，2015）。其中，技术发明是指新工具和新方法的发明；技术创新是将技术发明首次应用于社会实践；技术创新扩散则是指越来越多的企业和部门因希望获得较大的经济效益而加入到技术创新中去，如此循环往复，技术进步就会不断地进行下去。因此，熊彼特所定义的技术进步是多方面的、广义的。这种界定得到了广泛的认同，且在此基础上被后续的学者和研究进一步地延伸和拓展（Solow，1952）。其中，最著名的是Solow（1956，1957），他在研究经济增长的影响因素时认为，技术进步是产出增长中扣除劳动和资本对经济所产生的增加值之后，其他所有因素所带来增长的剩余值部分，是可以作为一个余量被计算和表征出来的，并且将技术进步解释为物化的技术进步，即技术进步表现为更有效率地使用新的和更好的资本。

在当代的研究中，大多数学者更加注重分析技术进步在经济增长、对外贸易、能源环境等方面的影响，并将其作为重要的因素，部分学者也在他们的研究中阐述了对技术进步的理解。张雄辉（2010）和冯尧（2012）等提出，技术进步不应认为只是自然科学的范畴，更应该从人类社会，尤其是人类经济发展的角度来认识它，单纯地将其看作是科学研究的成果或者是某项技术水平的提高是不全面、不具体的，它同样是社会科学不可或缺的重要组成部分。吴勇民（2014）在熊彼特的定义基础上进一步强调了技术进步在时间维度的累积和空间维度上的聚集，即技术进步既不是在时间上的均匀分布，也不是整个经济系统上的均匀分布，而是趋于在空间层面上的扩散，然后在某些部门聚集。

如果用经济学的语言来解释和说明技术进步的话，可以将其定义为：在不考虑新产品或产品质量改进的情形下，技术进步可被理解为“给以同量的投入可以生产出更多的产出，或能以较少的投入生产同量的产出”（海韦尔·琼斯，

1999）。正如 Salter（1966）所言，技术的进步意味着一个比过去更优的新生产函数，即它减少了生产一个给定产出所需的某种或者多种要素。但反过来，我们也可以把技术进步理解为增添要素的，因为它会使生产函数线向上移动，因而即使要素的投入量并未增加，但生产出的产量也会增多，即好像诸生产要素已经增添了一样。因而考虑技术进步的生产函数可以被写成：

$$Y = F(A(t)K,\ B(t)L) \qquad (A(t) \geqslant 1;\ B(t) \geqslant 1)$$

其中，产出为 Y，劳动和资本要素的名义投入为 L 和 K，A(t) 和 B(t) 分别表示资本和劳动的要素效率，即技术进步增添劳动和资本的强度；而 A(t)K 和 B(t)L 则分别称为有效资本和有效劳动。

2.1.5 技术进步偏向

事实上，任何技术进步随时间都是动态调整的，同时也不能保证同一时刻下技术进步一定能够均等地增添劳动和资本（张俊、钟春平，2014）。这便引出了另一个有意思的问题，即技术进步本身是否存在一定的偏向性，它是否可能增添某一要素的效果明显优于增添另一要素？进一步可以挖掘的问题是：如果技术进步是有偏的，那么在一个社会经济体中，是否存在任何有系统地趋向于某种或某些特定要素的技术进步偏向？倘若如此的话，背后推动的机制又是什么？存在这种技术进步偏向又会对社会经济产生何种影响？诸如此类的问题，引起了学者们对技术进步偏向研究的浓厚兴趣。

在只考虑两种要素的情况下，如果技术进步更偏向于某种要素则意味着相对地节约另一种要素。比较经典的对技术进步方向的分类来源于英国经济学家约翰·希克斯（J. Hicks）。在其著作《工资理论》（*The Theory of Wages*）中，希克斯给出的技术进步方向分类思想是：可以根据技术发明的初始效应是使资本边际产量与劳动边际产量之比增大、保持不变或缩小，来将其分成节约劳动的（labor-saving）、中性的（neutral）和节约资本的（capital-saving）技术进步。用数学公式可以表述如下：

如果 $\frac{F_K(t)}{F_L(t)} > \frac{F_K(0)}{F_L(0)}$，则技术进步是节约劳动的，或偏向资本的；

如果 $\frac{F_K(t)}{F_L(t)} = \frac{F_K(0)}{F_L(0)}$，则技术进步是中性的；

如果 $\frac{F_K(t)}{F_L(t)} < \frac{F_K(0)}{F_L(0)}$，则技术进步是节约资本的，或偏向劳动的。

其中，$F_K(0)$ 和 $F_L(0)$ 分别代表技术进步之前的边际产量，$F_K(t)$ 和 $F_L(t)$ 分别表示技术进步之后资本和劳动的边际产量。

上述希克斯对技术进步偏向的定义仅仅考虑了劳动和资本两种投入要素的情

形。然而，现实中生产要素的投入种类往往并非仅有两种，尤其是在农业生产领域，要素投入的范围包括劳动、土地、机械、化肥、能源等。因此，在希克斯之后，众多学者对多要素投入情形下的技术进步方向的定义进行了探讨，如Binswanger（1974）、Hayami 和 Ruttan（1970，1971）等。最近以 Acemoglu（2007，2012）为代表的一系列有影响的文献，在内生经济增长理论的框架下完善了偏向型技术进步理论的不足，指出技术进步的偏向是“价格效应”和“市场规模效应”共同作用的结果，“价格效应”使技术进步偏向于稀缺要素，而“市场规模效应”使技术进步偏向于丰裕要素，并通过严格的数学证明将技术进步方向拓展到包含任意种投入要素的情况，对其进行了重新定义：如果技术进步更有助于提高某种要素的边际产出，则称为偏向该要素的技术进步，或者说技术进步偏向该要素。这一定义是对希克斯技术偏向测量思想的延续，使其适用的范围进一步扩大。

另外，尽管希克斯的分类思想表明可以根据资本和劳动的边际产出的相对增长速度来判断技术进步的偏向，即一种要素边际产出增长越快则技术进步越偏向于这种要素，然而上述简单的表述似乎过于粗略，因为它并没有确定一个可比较的参照标准。严格意义上讲，技术进步将导致生产函数线的整体向上移动，与原来的曲线相比在移动后的曲线上的每一个点处，两种要素边际产量之比都是发生了变化的。如果不确定一个比较的基准，那么极有可能造成将由于要素投入数量变化而引起的边际产出改变与由于技术进步而引发的边际产出改变混为一谈（海韦尔·琼斯，1999；孙艳香、肖文，2014）。因此，根据这个基准确立的不同，技术进步方向会有三种不同的分类方法，且分别以三位不同的经济学家进行命名，即如果这一基准是保持资本—劳动比不变，则分类方法是希克斯型的；如果是保持资本—产出比不变，则分类方法是哈罗德型的；如果是保持劳动—产出比不变，则分类方法是索洛型的（陆学琴、章上峰，2013）。具体而言，三种不同的分类方法之异同及技术进步方向判定的条件见表2－1。

表2－1　不同类型技术进步方向的定义

技术进步方向	希克斯定义	哈罗德定义	索洛定义
前提假设	劳动—资本比不变	资本—产出比不变	劳动—产出比不变
资本偏向型技术进步	资本—劳动边际产出之比上升	资本边际产出上升	劳动边际产出下降
劳动偏向型技术进步	资本—劳动边际产出之比下降	资本边际产出下降	劳动边际产出上升
中性技术进步	资本—劳动边际产出之比不变	资本边际产出不变	劳动边际产出不变

本书对技术进步方向的讨论将采用希克斯的分类方法。具体应当如何采用这

一分类思想来测量技术进步方向及可以或者应当采用怎样合适的测量方法，在本书第7章7.3将进行相关的讨论和说明，此处不做展开。

2.2 理论回顾

2.2.1 农业发展阶段理论

农业是国民经济发展之命脉，是安天下、稳民心的战略产业，是国家自立、经济繁荣与社会安定的基础（程国强，2012；陈锡文，2013）。作为经济增长的原动力，农业在经济发展过程中发挥着重要的支撑作用和保障功能（程国强，2011；万宝瑞，2016），不但能够为经济增长提供必不可少的农产品、工业原材料、生产要素和消费市场，甚至在一国经济发展的初期往往还需要扮演主要的税负负担者、外汇收入提供者、劳动力蓄水池等多重角色；而且还承担着吸纳剩余劳动力、创造就业机会、提高农民收入、促进农村发展、保护生态环境、维护自然景观、传承农耕文明、维持社会稳定等各种功能（张红宇，2006；高林英、王秀峰，2008）。其中，尤以确保粮食等主要农产品的有效供给至关重要（程国强，2016）。

然而，无论是理论演绎还是历史经验均表明，伴随着经济的增长与发展，农业在国民经济中的相对地位趋于下降。著名的“恩格尔定律”（Engle's Law）指出，由于食品需求的收入弹性小于1，食品需求的增长速度往往赶不上收入的增长速度，导致家庭食品消费支出占总支出的比例会随着收入水平的提高而逐渐下降。换言之，伴随着收入提高，居民的食品消费需求会趋于饱和，收入对于食品需求的影响效果逐步减弱，用于食品消费的收入也会相对减少，而作为食品最主要的生产和供应部门的农业从国民收入增长中获得的报酬份额也将会持续降低。以英国古典经济学家威廉·配第与美国经济学家克林·克拉克联合命名的“配第—克拉克法则”（Petty - Clark's Law）也表明，受不同产业之间所存在的收入弹性差异、技术投资报酬差异等一系列因素的影响，在经济发展过程中农业部门在国民经济中的比重会逐步缩小，农业的相对收入与就业情况也将随之出现不同程度的下滑（乔晓楠、张欣，2012）。

另外，发展经济的理论和历史的经验均表明，伴随着经济的成长，在不同的发展阶段，农业问题的主要表现形式可能会有所不同，农业与工业等其他产业之间的互动关系也会有所改变。相应地，不同时期农业政策调控的目标和关注的重点问题也存在明显的阶段性特征。

首先，就农业与工业等其他产业的互动关系而言，随着经济发展进程的深入，工农之间的相互依存关系可能发生巨大的改变。一般情况下，在经济发展的早期阶段，为了促进工业化发展、在经济上赶超先进国家，发展中国家的政府往往会采取一些强有力的市场干预政策，比如进口替代的工业化政策等，通过实行进口限制，保护本国工业产业免受国际竞争的冲击。尽管这类政策对工业部门具有一定程度的保护作用，但对农业等出口产业则形成了相对剥夺（速水佑次郎等，2009）。同时，农业部门往往还需要承担支援工业建设的投资资金，提供廉价原料商品的重任（阿瑟·刘易斯，1989）。因此，在工业化发展初期，当农业在国民经济中占据主导地位，为推动工业化发展，需要用农业部门的积累来支持工业，即传统的“农业哺育工业”阶段。而当工业化发展到一定的阶段，工业成为国民经济的主导产业时，要实现工农产业协调发展，需要加强对农业的扶持与保护，实现由农业支持工业到工业反哺农业的政策转变，即所谓的“工业反哺农业”阶段（程国强，2011）。

其次，处在不同的发展阶段，农业问题的表现形式也会存在显著的差异。舒尔茨（Schultz，1964）认为，在工业化发展的初级阶段，农业问题将主要表现为“粮食问题”。在这一阶段农业生产的发展赶不上人口、收入增加所引致的食物消费需求的上升，引发粮食价格的上涨，进而提高了城镇居民维持基本生活的成本和对补偿工资的要求，反过来又会制约工业和国民经济的发展。这实际上与刘易斯二元经济模型中的“食物短缺点”问题相似（阿瑟·刘易斯，1989）。同时，在此阶段，发展中国家由于没有足够的外汇储备和国际购买力进口国外廉价的农产品，因而只能依靠自身农业的发展，通过强化农业技术开发、降低农业生产成本，努力推动粮食等重要农产品的供给曲线向右移动。只有跨越了“食物短缺点”，解决了“粮食问题”，才有可能成功实现工业化与经济发展，进而步入高收入的发达阶段。这正是富裕发达国家所走过的发展历程。伴随着“粮食问题”的解决，发达国家农业技术研发、推广及应用的制度与体系日臻完善，农业基础设施和投资也基本充实，农业生产率迅速提高。然而，此时如恩格尔定律所言，收入提高，食物消费需求趋向饱和。如果农业生产不减少、投入不下降，便极有可能导致农产品供过于求，出现生产过剩，进而引发农产品价格下跌，损害农民的收益和生计。农业发展在这一阶段所面临的问题，被日本发展经济学家速水佑次郎等称为“农业调整问题”①。速水佑次郎等（2003）进一步在总结国际经验和历史发展规律的基础上，将发展阶段介于低收入和高收入之间的中等收入

① 参见速水佑次郎、神门善久（2003）在《农业经济论》（新版）第一章“现代世界农业问题”的分析。

阶段的农业问题概括为“贫困问题”①。

最后，由于不同发展阶段农业问题的表现形式不同，农业政策的目标取向和调控措施也会大相径庭。在低收入发展阶段，解决食物相对短缺问题，农业政策应当主要围绕如何提供廉价农产品的目标来制定，可采取的措施主要包括：重视农业科研与农业技术推广、加强农业基础设施建设等。而在高收入发达国家或阶段，农业问题主要是由于农业资源投入过多，导致生产要素报酬递减所致，其实质是有限的资源在农业和其他产业部门之间的分配和调整问题，表象在于农产品价格下降、农民收入相对减少，故在此阶段如何稳定农产品价格、提高农民收入、增强农村和农业部门的资源向城市和工业部门流动的能力，将是农业政策应当关注的重点。政府通常采用的政策措施包括：农产品价格支持政策、其他政策性补贴等农业保护政策及最根本的促进资源流动、优化资源配置效率的市场化改革举措等（郭熙保、苏甫，2013）。因此，速水佑次郎等（2003）认为，经济发展和农业问题转换之间存在内在的逻辑对应关系，不同发展阶段农业政策的目标取向可依次划分为粮食问题优先阶段、农业调整问题优先阶段及介于两者之间的贫困问题优先阶段。这种对应关系可以用图 2－1 来表示。

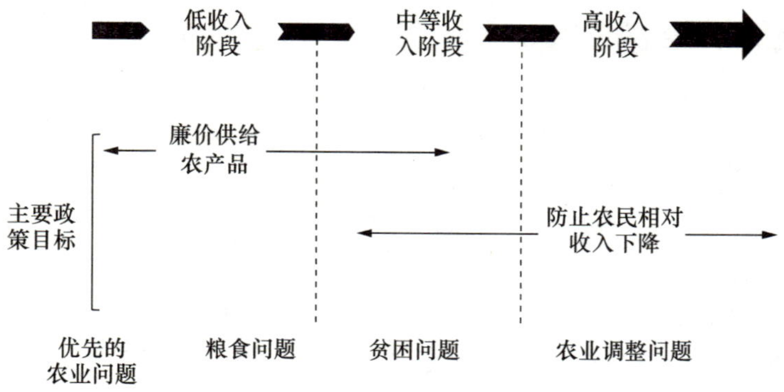

图 2－1　不同经济发展阶段的农业问题转换与农业政策目标调整

资料来源：速水佑次郎、神门善久（2003）《农业经济论》（新版）。

① 中等收入阶段的贫困问题并非绝对贫困的问题。与低收入阶段相比，中等收入阶段的绝对贫困程度已经有了较大的改善，绝对贫困的范围也在缩小。然而，由于在这一阶段所存在的工农和城乡之间的二元结构，工业部门由于更快的技术进步和资本积累，其生产率增长远快于农业部门，从而导致一部分城镇人口摆脱了绝对贫困，而农业中的人口仍处于绝对贫困之中，相对贫困的问题则会显得更加突出。详见速水佑次郎、神门善久（2003）的《农业经济论》（新版）。

2.2.2 诱致性技术创新理论

人多地少的禀赋特征决定在较长的时期内我国农业生产以小规模、农户过量投入劳动力的“内卷化”和“过密化”经营为主（黄宗智，2007）。然而，伴随着工业化、城市化进程的深入，劳动力大量从农村向城市转移，农业人口数量明显下降，农村潜在的劳动力供给数量下滑。农村劳动力数量减少、非农收入提高推动农业劳动力价格快速上涨。面临劳动力价格上升的压力，中国农户的生产行为与生产方式可能也会进行相应调整和改变。诱致性技术创新理论为理解和认识要素稀缺度及要素相对价格变化对农业技术变化的影响提供了一个很好的理论视角。

诱致性技术创新理论的基本思想最早由希克斯（1932）提出，其核心要义是一种要素相对价格上涨会导致该要素投入量下降，进而引发一系列技术变革，从而导致稀缺资源对经济增长的约束可通过利用相对丰裕要素对稀缺要素进行替代的技术进步所化解。由于希克斯并未对“诱导”的理论机制进行深入探讨和阐释，因而早期此概念并未引发学术界的足够重视。直到20世纪60年代，对该问题的关注逐渐升温，越来越多的研究者开始挑战、继承或发展希克斯的思想①，使得这一理论的传播范围逐渐扩大。

在农业生产领域，Hayami 和 Ruttan（1970，1971）在继承希克斯（1932）思想和观点的基础上，提出了“诱致性技术创新假说”（Induced Innovation Hypothesis）。该模型从农业发展的国际比较出发，阐述了具有内生性的技术与制度变革往往由初始的资源禀赋、经济发展历程中产品需求等经济力量所诱导，并可以通过多种途径实现技术与制度变革来弥补一国在某些资源禀赋上的不足（何爱、曾楚宏，2010）。

具体而言，“诱致性技术创新假说”认为，一个国家或地区成功实现农业生产率快速提高的基础条件是发展生态适应且经济可行的相关技术（郭熙保、苏甫，2013）。考虑到在农业生产过程中劳动和土地这两种生产要素的特殊重要性，初始的劳动和土地相对禀赋存量将对农业技术发展与增长路径选择产生决定性的影响。人多地少的国家，比如日本、菲律宾等，农业生产率的提高可以通过提高土地的生产率来实现；而人少地多的国家，比如美国、加拿大等，则是通过提高土地装备率来提高单位劳动的产出水平。同样地，农业技术的类型也可以被划分为两种类型：促进机械等要素对劳动进行替代的技术称为劳动节约型技术（或“M 技术”）；而促进化肥等要素对土地进行替代的技术则称为土地节约型技术

① 关于此问题的详细阐述，参见何爱、曾楚宏（2010）的《诱致性技术创新：文献综述及其引申》。

（或“BC 技术”）。在“M 技术”条件下，机械化允许单个劳动者耕种更大面积的土地，从而大幅度提高劳均产量，其实质是用土地来替代劳动力；而在“BC 技术”条件下，主要是采用劳动密集型的耕作制度或者高效的生化投入来提高土地肥力和单位面积的产出水平，其实质是以密集的劳动投入来换取单位土地的更大产出。上述两种增长路径和两种生产技术的综合考虑的结果是：对于人多地少的国家或地区来说，提高土地生产率主要通过“BC 技术”来实现；而对于人少地多的国家或地区而言，提高土地装备率则主要通过“M 技术”来实现（Hayami and Ruttan，1970；1971）。

上述分析表明，一个社会由于初始资源禀赋的不同可以诱导出不同的农业技术变革。为便于理解，根据 Hayami 和 Ruttan 的描述，诱致性技术创新过程可用图 2－2 来进行简要的说明。其中，（a）代表“M 技术”，也就是机械技术进步的过程；（b）代表“BC 技术”，也就是生物化学技术进步的过程。

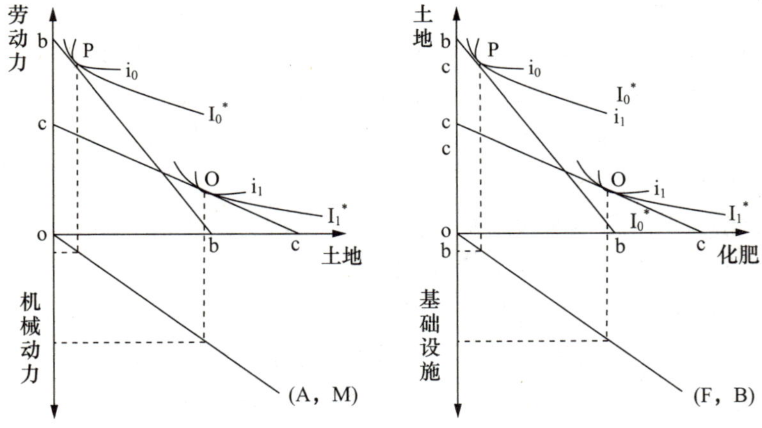

(a) “M技术”进步过程　　(b) “BC技术”进步过程

图 2－2　农业诱致性技术创新理论

资料来源：速水佑次郎、弗农·拉坦（2001）的《农业发展的国际分析》。

如图 2－2（a）所示，I_0^* 代表初始状态下的创新可能性曲线（IPC），是一系列低弹性的单位等产量曲线的包络线。当劳动力与土地的相对价格为 bb 时，i_0 技术（如机械）被发明使用。在这种技术水平下，最小成本点为 P，P 点对应的要素投入为 I_0 技术下劳动、土地和机械要素的最优投入组合。如前所述，土地与机械动力之间存在互补关系，如果配备更好或者更多的机械装备，单个劳动力便可耕种更多的土地，这种互补关系可以用直线（A，M）来表示。当劳动力相对于土地变得稀缺时，劳动力与土地的相对价格由 bb 上升到 cc，一种新技术 i_1

便会沿着创新可能性曲线 I_1^* 被开发出来，使单个劳动力可以借助更多的机械动力来耕种更多的土地，此时的最小成本点变为O，对应的要素投入组合也发生了变化。这一过程表明，随着劳动要素相对价格上涨，劳动力节约型技术的不断采用，农业生产的要素投入组合也会持续调整。

同理，图2-2（b）中所描述的生物技术进步的过程也是类似的，此处不再赘述。需要特别说明的是，诱致性的农业技术变革并非短期或静态的、一蹴而就即可发生的，是一个长期的、不断调整与动态变化的过程，而要素相对价格的变化则是诱导农业技术变革的关键因素之一。

2.2.3 比较优势与竞争优势理论

比较优势理论的提出及发展源于人们对贸易模式的关注（林毅夫、李永军，2003）。一般认为，比较优势理论是大卫·李嘉图基于亚当·斯密的绝对优势理论拓展提出的，用以解释当一国在各种产品的生产中均处于绝对劣势时，是否还有开展贸易的必要及从中获益的可能（林大燕、朱晶，2015）。李嘉图认为，决定国际贸易流向及利益分配的并非绝对成本而是相对成本，即使一国在两种产品的生产上均处于比较劣势，但只要两者绝对劣势的程度不同，集中生产并出口具有比较优势产品，而进口比较劣势的产品，也能从贸易中获得比较利益（徐志刚，2001；叶春辉，2004）。

此后，随着国际贸易实践的发展，比较优势理论的内涵与外延被不断地拓展与丰富。由于李嘉图模型只考虑了两个国家、两种商品和劳动一种生产要素，故其将比较优势的决定因素主要归结于劳动生产率的差别或技术的差异。赫克歇尔（Heekscher，1919）和俄林（Ohlin，1933）将李嘉图模型中决定贸易的因素由单纯的劳动力扩展到资本和劳动力两种生产要素，提出了所谓的“H-O”理论或要素禀赋理论，认为各国生产要素禀赋丰裕程度的差别决定了生产中所使用的要素比例和相对成本的差异，一国将专业化生产和出口密集使用其相对丰裕要素的商品，而进口密集使用其相对稀缺要素的商品。

然而，由于要素禀赋理论是基于一系列强假设前提的，例如，规模报酬不变、要素密集度不能逆转、贸易结构和价格向量外生等（刘钻石、张娟，2009），并且还遭遇了所谓的“里昂惕夫之谜”的挑战，同时也无法解释现实中广泛存在的发达国家之间的贸易及产业内贸易等现象。针对这些问题，以克鲁格曼（Krugman，1979）等为代表的研究者们分别以规模经济和不完全竞争为基础提出了“新贸易理论”，以解释和解决古典贸易理论所无法解答的现象和问题。其后，以杨小凯（Yang，1996）为代表的学者又从内生分工和专业化贸易的视角提出了“新兴古典贸易理论”，基于生产者和消费者不可分和考虑交易费用的分析框架，采用专业化经济取代规模经济，克服了新古典分析的局限性①。

与比较优势理论具有成熟、系统的体系不同，竞争优势理论总体显得较为宽泛与分散（赵春艳，2010）。概言之，竞争优势理论具有狭义与广义之分。狭义的竞争优势理论是以波特为代表的竞争优势理论，而广义的竞争优势理论则进一步囊括了诸多其他代表性的理论，包括诸如熊彼特的创新理论、潘罗斯的资源基础理论及克鲁格曼和迪克西特等的战略性贸易理论等，涉及的范围与涵盖的内容十分广泛②。

竞争优势理论的代表人物波特（Porter，1985）指出，企业的竞争优势可以来源于两个不同的层面，即所谓的低层次和高层次的竞争优势。低层次的竞争优势是一种“低成本竞争优势”，而高层次的竞争优势则是一种“产品差异型的竞争优势”。波特进一步分析认为，“低成本竞争优势”往往建立在特殊的资源优势（如较低的劳动力或原材料成本）或容易被他人仿效的生产技术与方法等因素的基础之上，这种优势长期来看可能并不稳固。而“产品差异型竞争优势”则具有不易被竞争对手所模仿、存续时间长等特征，因而是相对更高层次的竞争优势。这种优势往往建立在对设备、技术、管理和营销等方面的持续投资与创新以创造和满足客户差异化的产品消费需求的基础之上，如果利用得当能够为企业带来超额利润及更高的生产率水平。

分析比较优势理论和竞争优势理论的异同可以发现，前者是建立在完全竞争市场和产品同质的基础上的，在这种情况下产品的差别主要表现为价格差异，而价格又由成本来决定，成本差异则由外生的要素禀赋差别决定，政府无须干预市场（刘辉群，2003）；而后者则强调不完全竞争市场和差异化产品的作用，主张要素禀赋仅是影响一国竞争优势的其中一个条件或者低级条件，更重要的是培养和开发高级要素和特定化要素，强调制度创新、技术创新、产品创新和国家干预的作用（庄丽娟，2004）。尽管两者的逻辑起点和强调的政策主张有较大的差别，但正如林毅夫、李永军（2003）所指出的那样，两者应当被理解为一种互补而非对立的关系，在一国的产业和贸易发展过程中，需要比较优势和竞争优势同时发挥作用，两者共同决定了产业的国际地位及发展趋势（刘林青、谭畅，2014）。

---

① 参见杨小凯、张永生（2001）的《新贸易理论、比较利益理论及其经验研究的新成果：文献综述》。

② 有关上述内容的详细讨论，参见赵春艳（2010）的《比较优势与竞争优势的关联机理及转化机制研究》。

2.3 文献回顾

2.3.1 有关中国粮食安全问题的研究

“国以民为本，民以食为天”。粮食问题关系国计民生，是社会稳定和经济发展的基础。中国政府历来高度重视粮食安全，并始终将保障国家粮食安全、立足国内实现粮食基本自给，作为基本国策及重要的政策追求目标（仇焕广等，2015；钟甫宁，2016；Zhang，2016）。鉴于粮食安全问题对中国这样的人口大国的特殊重要性，国内外有大量研究文献对中国的粮食安全进行了分析和讨论。由于相关文献浩如烟海，涉及的领域和问题也十分广泛，系统深入且面面俱到地综述这些研究需要大费周章。考虑到与本书研究主题及内容之相关性，本部分将从简要回顾中国粮食安全现状和存在的主要问题两方面来梳理现有研究。

吕新业（2003）、张利国（2011）、宋洪远（2016）等在回顾新中国成立以来的粮食生产、消费等方面的演进历程的基础上指出，中国粮食安全经历了主要农产品由长期短缺到总量基本平衡、丰年有余的历史性转变。陈绍充等（2009）认为，我国主要农产品供给已由计划经济时期的长期短缺转变为市场经济时期的总量平衡，城镇居民“菜篮子”日益丰富。彭珂珊（2016）认为，自新中国成立以来，政府采取了从经营体制改革到改革开放，从生产发展到流通保障，从技术进步到政策调控扶持等一系列的措施，使得在经济建设历程中粮食安全始终没有成为制约经济增长的障碍和“瓶颈”。当全球粮食安全正在关注如何解决饥荒问题时，中国已经逐渐解决了13亿人的温饱问题，用世界上不足10%的耕地养活了19.4%的人口，不仅做到了温饱有余，而且总体上实现了小康，为发展中国家自力更生解决粮食问题做出了榜样，也为世界粮食安全作出了重大贡献（翟虎渠，2011；Zhou，2009；Cater等，2012；Norse等，2014；Lu等，2015）。张元红等（2015）进一步指出近十年来中国粮食安全状况已经明显改善，当前处在较高的水平。与世界平均水平相比，中国粮食安全有关指标中最突出的优势是生产水平、自给率和营养供给总量，过去十多年来我国的粮食生产增长速度远高于世界平均水平和发达国家平均水平；我国居民的营养结构虽然仍处于较低水平，但改善速度正在不断加快。李国祥等（2015）强调为了与人口增长、城镇化推进和居民生活水平提高所引致的粮食需求总量和结构变化相适应，中国主要通过提高粮食综合生产能力和调整粮食品种结构与区域布局来实现粮食供给数量上的高度自给。在政府政策支持下，我国粮食价格维持在较为合理的水平上，粮食生产的积极性得到了很好维护，粮食市场保持基本稳定，贫困发生率持续下降，较好地保障了各层次居民的粮食和食品供给。

在肯定中国保障粮食安全方面取得的巨大成就的同时，也应当清醒地认识到，追求粮食高自率和强调立足国内生产的政策措施已经和正在引发一系列的问题。中国传统的“粮食安全观”强调高粮食自给率主要是基于两方面原因的考量：一是在特殊的非和平时期，防止其他国家利用粮食贸易限制或者禁运手段威胁我国国家安全（朱晶、钟甫宁，2000；2004a）；二是在和平时期，避免粮食价格出现大的波动，进而影响社会经济稳定（朱晶、钟甫宁，2004b；钟甫宁，2011）。尽管传统的“粮食安全观”在国际政治和贸易环境不好的时期或条件下，对维持国家社会经济的稳定发挥了积极作用，然而随着国际政治与经济环境的稳定、缓和以及全球范围内贸易自由化程度的不断加深，固守粮食自给率，不仅大幅提高了社会经济成本，而且也难以解决当前中国农业发展所遭遇的矛盾与问题（仇焕广等，2015；全世文、于晓华，2016）。以下将分别从粮食生产、消费、贸易及其他四个方面，综述目前中国粮食安全存在的主要问题及面临的挑战。

首先，从粮食生产方面来看，新中国成立以来中国粮食生产在波动增长过程中出现了一系列问题，主要表现在：第一，粮食区域和品种结构不平衡问题凸显。王健、陆文聪（2007）指出影响我国粮食安全的主要问题是结构问题而非总量问题，特别是区域性结构和品种结构问题。朱晶等（2013）则认为，近十年来，我国粮食生产结构调整的深入一定程度上加剧了不同粮食品种之间供求不平衡的矛盾。第二，粮食产量增长给资源环境承载能力带来了严峻挑战，不仅严重威胁到未来粮食生产的可持续性，还引发了食品质量安全等问题的担忧（叶兴庆，2014a）。第三，国内粮食生产成本高企，粮食生产的比较效益下滑严重，降低了农民种粮和从事农业生产的积极性，保持或扩大粮食种植规模的压力越来越大（罗静，2010）。第四，国内农业生产成本高企严重影响了我国农产品在国际市场上的价格竞争力（叶兴庆，2016）。

其次，从粮食消费方面来看，一方面，受人口增长、城市化进程加快、居民收入提高和食物消费结构升级等因素的影响，未来中国食物消费刚性增长的压力依然存在（钟甫宁、向晶，2012）。另一方面，我国食物浪费与营养不良并存的矛盾突出。据估计，全国仅省级以上城市餐桌上每年倒掉的食物超过 600 万吨，餐饮消费每年至少倒掉约 2 亿人一年的口粮（成升魁等，2012；王灵恩等，2015）。尽管粮食浪费问题触目惊心，但同时中国的营养不良问题依然严重。Fan 和 Brezska（2014）的研究表明，目前中国仍有 1.5 亿营养不足人口，虽然营养不足发生率已经从 23.9% 下降到 10.6%，且居民总体的营养状况已经有所改善，但我国仍然是仅次于印度的世界第二大营养不足人口国。营养不良人群数量庞大，弱势群体的食物消费问题值得关注。朱晶（2003）和 Zhu 等（2015）通过实证研究指出，粮食自给自足政策在某些地区已经产生了消极影响，尤其是在资源相对匮乏、环境相对脆弱的地区，它并没有起到促进粮食生产增长的作用，反而恶化了当地农户的食物安全状况，导致人均食物消费数量的相对下降。

再次，从粮食贸易情况来看，考虑到资源的有限性及消费需求的快速增长，我国中长期的粮食产量并不能满足消费需求，因而从国外进口粮食已经成为保障国家粮食安全的必然选择（李国祥，2010）。曹历娟、洪伟（2009）认为，加入世界贸易组织后，中国粮食市场的逐步开放为利用国外市场保障粮食安全提供了条件。2013 年底，中央经济工作会议和中央农村经济工作会议均提出了“以我为主、立足国内、确保产能、适度进口、科技支撑”新的粮食安全战略，首次将“适度进口”视作粮食安全战略的重要组成部分（叶兴庆，2014b）。然而，近几年来，我国粮食等主要农产品进口增长迅速，非必需进口过度问题突出，导致出现所谓“三高一低”的反常现象，即产量、进口量、库存量三量齐增，而粮食自给率却在不断下滑，给粮食安全和农业发展带来了挑战（翁鸣，2015；马晓河，2016；朱晶、晋乐，2016）。如何科学合理地把控粮食进口规模，保有必要手段确保粮食进口适度，已经成为新时期确保国家粮食安全战略成功实施的关键所在（倪洪兴等，2015；2016）。

最后，粮食增产过程中所引发的其他诸多问题也引起了学术界和其他社会各界的广泛关注。叶兴庆（2014a）认为，我国农业产能已经严重透支，产能增长很大一部分是以牺牲生态环境为代价的，是不健康的、“有毒”的产能。同时，中国还面临着农膜残留“白色污染”、地下水超采、水土流失、环境污染等一系列棘手的问题，水污染、重金属污染等已经严重影响到了食品安全甚至人体健康（黄季焜等，2012；姜长云，2012）。此外，气候变化、经济全球化、生物质能源发展、城市化推进、农村劳动力大规模非农转移等都对中国粮食安全提出了许多新的挑战（吕新业、冀县卿，2013）。

2.3.2 有关中国粮食增产及其影响因素的研究

前一部分的综述对中国粮食安全形势及存在的问题进行了简要梳理和回顾，提供了中国粮食安全状况的一幅宏观图景，本部分将进一步对关于中国粮食增产影响因素的文献做深入的整理和分析。从研究现状来看，讨论影响中国粮食产量变动因素的文献有很多，不同的文章考虑的影响因素也十分多样。概言之，从生产函数的角度来看，影响粮食生产的因素主要包括技术进步、农业政策、要素投入及气候条件等几大类。

首先，技术进步被广泛地认为是影响中国粮食产量变动的关键因素。目前，研究中已经达成共识的是，在面临水土资源短缺的约束下，提高中国的粮食产量和粮食综合生产能力，主要途径需要依靠技术进步来提高粮食的单产水平（翟虎渠，2010；袁隆平，2011）。全世文、于晓华（2016）指出，近半个世纪以来，中国通过良种培育等农业技术及增加生产要素投入等手段，小麦、水稻、玉米的单产提高速度和幅度明显超过世界其他国家；王济民、肖洪波（2013）的研究结果也表明，农业技术进步对我国农业增长的贡献已经由新中国成立初期的15%提高到目前的50%以上，技术进步在促进农业发展和粮食生产的过程中正在发挥重要的推动作用。秦富（2011）也认为，全要素生产率提高已经成为我国粮食增产的主要推动力量，2004～2009年政策和技术进步因素对我国粮食增产的贡献高达73.5%。姜松等（2012）采用改进的两阶段CES生产函数法，实证分析了中国粮食生产中的技术进步速度及其贡献率，结果表明1985～2010年中国粮食生产的技术进步速度年均为0.76%，技术进步对粮食生产的贡献率达到51.7%。星焱、胡小平（2013）则认为，自然资源、技术进步和制度因素三者之中，自然资源和技术进步对中国粮食单位面积产量的影响最大，特别是技术进步，对单位面积的增产水平起着决定的作用。其他一些研究，如魏丹、王雅鹏（2010），李英、陈丽华（2011）等也得出了与之相似的结论。

其次，部分研究强调了农业支持政策，尤其是粮食政策对中国粮食产量变动的影响。众所周知，以2004年为界中国的农业政策发生了巨大的调整，先是全面取消农业税，而后又于2006年起全面实施了以粮食直接补贴、农资综合补贴、良种补贴和农机具购置补贴为主要内容的“农业四补贴”政策（Yu and Jensen，2010）。伴随着农业政策的调整，国内的粮食生产也随之扭转了连续减产的不利局面，实现了十多年的快速增产。直观上的感觉是农业支持政策与粮食增产之间必然存在高度的关联。众多的学者对此展开了深入探讨，试图评价粮食补贴政策的执行效果，但得出的结论并不一致。一部分学者认为，粮食补贴政策对粮食生产的影响其实并不大。例如，Heerink等（2006）的研究指出，由于粮食补贴发放的金额较少且实际补贴的方式并不与粮食播种面积和粮食生产直接挂钩，因而补贴政策对粮食生产的促进作用可能很小。李鹏、谭向勇（2006），黄季焜等（2011）基于微观农户调研的数据分析结果也在一定程度佐证了上述预期，即粮食补贴并未有效地促进农民种粮面积的扩大和收入提高。然而，另一部分学者则认为，粮食补贴政策有助于粮食增产和农民收入的提高。周应恒等（2009）基于GTAP模型的模拟结果及辛翔飞等（2016）采用全国2000多个县的面板数据计量的结果均表明，粮食补贴政策对粮食增产和农民增收起到了明显的促进作用；袁宁（2013）基于全国13个粮食主产区的农户调研数据的实证结果表明粮食补贴提高了农户种粮的积极性；王欧、杨进（2014）的实证分析也说明补贴政策对粮食产量、播种面积和资本投入都有显著的正向影响。Yi 等（2015）则从补贴是否能够放松农户的流动性约束的角度，讨论了粮食补贴对农户种粮行为和粮食播种面积的影响，得出的结论是对面临流动性约束的农户而言，粮食补贴能够促进其粮食种植规模的扩大。

再次，也有一部分研究探讨了要素投入对粮食生产的影响。其中，谢杰（2007）基于生产函数的分析表明，土地和化肥使用是影响中国粮食生产的最主要要素；张营周（2010）的实证分析表明，灌溉率成为影响粮食单产的关键因素，而农药投入量、地膜投入等是影响粮食单产的重要因素；江松颖等（2014）运用 1998～2012 年中国省级面板数据计量分析的结果显示，耕地、劳动力、农业机械、有效灌溉率和抗灾能力等因素对中国粮食综合生产能力的提高具有重要作用，而化肥、农药的过量施用则不利于粮食综合生产能力的持续发展；张玲燕、唐焱（2014）比较中国近 20 年来不同地区粮食生产过程中投入要素的生产弹性及贡献程度的差别，得出的结论是，我国粮食生产要素的贡献与经济发展水平密切相关，实现粮食增产的关键在于生产要素资源的优化配置。

最后，影响粮食产量和粮食生产的因素可能还包括经济因素、地理因素、气候因素等。郑旭媛等（2014）指出城市化在推动耕地和劳动力资源在部门之间进行重新配置的同时，对粮食生产和布局变迁及安全保障也产生了深远的影响。Holst 等（2013）的研究则表明，气候因素及相对有利的天气条件在中国近年来的粮食增产过程中发挥了一定的作用。刘忠等（2015）认为，气候因素是重要的自然因素，不但通过各种气象影响当前的粮食单产，更通过全球气候变化影响全球和区域粮食生产的空间格局变化及产量水平。杨泳冰等（2016）的研究表明，近地面臭氧浓度增加对中国冬小麦产量和种植收益均造成了显著的负效应，应当制定和调整相关的农业与环境政策以适应和减缓臭氧污染对我国粮食生产的不利影响。

值得注意的是，虽然以上综述的这些研究较为系统和深入地从不同的方面分析了影响中国粮食产量和粮食生产的因素，但正如朱晶等（2013，2015）所指出的那样，从本质上来看，粮食产量变化的直接影响因素只有两个：一是粮食播种面积的变化，二是单位面积产量的变化；其他所有的因素对粮食增产的影响最终都体现在面积和单产的变化上。尽管技术进步、要素投入变化及气候有利等因素一定程度上会影响粮食的单产，但影响单产的另外一个不能忽略的因素是粮食种植结构的调整。朱晶等（2013）首先采用定量的方法对结构调整对中国粮食增产的影响和贡献程度进行了测算，结果表明粮食内部种植结构调整、高产作物对低产作物的种植替代，对 2004～2012 年中国粮食的增产发挥了重要的作用。此后的研究，如田甜等（2015）、封志明等（2016）则在此基础上进一步讨论了结构调整对粮食生产其他方面的影响。新近的研究，如Li等（2016）基于LMDI方法，在播种面积、单产和品种结构调整三种因素的基础上，进一步引入了区域结构调整因素，并分解测算了这四种因素对我国不同时期粮食产量变动的影响，比较了不同阶段导致粮食总产量和不同作物品种产量变动的原因之差异，探讨了不同因素变动的趋势以及今后中国粮食增产的可持续性。

2.3.3 有关农业技术进步和技术进步方向的研究

从增长分解的角度来看，推动农业经济增长的主要因素有两个：一个是农业生产要素投入的增加，另一个则是要素投入效率的提高以及技术进步（Chen等，2008；Xin and Qin，2011）。伴随着我国工业化、城市化进程的加快，水土资源短缺的矛盾日益突出。同时，受制于生产要素边际报酬递减规律的影响，依靠增加要素投入来推动农业经济增长的难度加大、空间受限，促进农业可持续发展的根本出路在于依靠技术进步提高要素的产出效率（陈卫平，2006；李谷成，2009）。基于这样的认识，农业技术进步贡献率的研究在我国一直受到高度重视，有关农业技术进步贡献率的测度自20世纪80年代初起方兴未艾。然而，由于采用的模型方法、变量选择不同，对于我国农业技术进步率的测度结果多种多样。概括来讲，测量农业技术进步的方法主要包括非前沿方法（Non－Frontier Approach）和前沿方法（Frontier Approach）两大类。

传统的非前沿方法又可以分为非参数非前沿法和参数非前沿法两种类型。例如，冯海发（1989）等采用Kendrick指数分析了不同时段中国农业全要素生产率（TFP）的变化；Fan和Zhang（2002）及赵文、程杰（2011）等则分别使用Tornqvist－Theil生产率指数在对相关数据进行修正的基础上重新考察了我国的农业TFP。相比而言，参数非前沿法比非参数前沿法应用更加普遍，其中尤以C－D生产函数法和增长速度方程法应用最为广泛。朱希刚（1997）采用增长速度方程（又称余值法），以农业总产值增长率扣除新增投入量所导致的总产值增长率的余额作为农业技术进步率的衡量，对“一五”至“九五”期间的中国农业技术进步率进行了系统测算分析。该方法最终在农业部1997年初发布的《关于规范农业技术进步贡献率测算方法的通知》中被确定为测度农业技术进步的标准方法，在全国范围内推广和应用。此后，大量的研究采用这一方法对中国或不同省份和地区的农业和粮食生产的技术进步进行了测度，例如，魏丹、王雅鹏（2010）、牛凯等（2014）。正如全炯振（2009）所总结的，非前沿方法的一个显著特征是并不考虑生产技术是否存在非效率的问题，而是把TFP的变化完全归因于技术进步。换言之，TFP对农业或粮食生产的贡献率被认为是技术进步的贡献率。

相比非前沿方法，由于考虑了技术非效率等问题，前沿方法在分析 TFP 和技术进步的作用时逻辑上显得更为合理。前沿方法也可以分为非参数和参数两种类型。就非参数的前沿方法而言，以 DEA - TFP 生产率指数方法最为常见，其中 TFP 指数包括 Malmquist、Luenberger 及 Hicks - Moorsteen 生产率指数等不同种类。概括来说，这类方法的好处在于：第一，不仅能够计算出技术进步的贡献率，而且能够将全要素生产率的变动分解成不同的部分，以确定导致变动的原因；第二，无须设定生产函数的具体形式，从而避免了因生产函数形式设定不当所导致的测度偏差；第三，对数据和样本量的要求相对较低，便于建模操作。鉴于上述优势，采用这类方法研究中国农业技术进步的文献非常丰富。例如，Kalirajan 等（1996）、Lambert 和 Parker（1998）等较早地引入 Malmquist 全要素生产率指数和 DEA 方法对我国农业全要素生产率进行了测度；Brümmer 等（2006）、Zhang 和 Brümmer（2011）等则分别采用 Malmquist 指数方法对中国全国及不同省份的农业生产的全要素生产率的变动及其影响因素展开了分析。与此同时，参数前沿方法的应用也十分广泛，其中采用较多的是随机前沿（SFA）生产函数法。比较有代表性的研究包括：袁开智（2008）等采用 Translog 形式的随机前沿生产函数模型分别测度了中国不同省份农业的技术进步贡献率；亢霞、刘秀梅（2005）及黄金波、周先波（2010）等基于 SFA 方法分别分析了我国粮食及主要粮食作物生产的技术进步和技术效率的变化；石慧、孟令杰等（2008）和张乐、曹静（2013）等则分别利用 SFA 方法测算和分解了中国农业全要素生产率的变化。

另外，研究技术进步偏向不仅能为理解技术进步的原因提供一个很好的视角，同时也有利于准确地认识技术进步对要素市场及收入分配格局的影响。事实上，在现实生活中技术进步通常是企业有目的的研发活动所产生的结果，企业的目标是追求利润最大化，其技术研发行为肯定也会受到要素市场价格、产品市场供求等因素的影响，因而技术进步本身并不可能完全独立于生产要素，而往往会有一定的要素偏向特征。同时，反过来，如果技术进步本身具有一定的要素偏向性，应用技术显然又会改变对要素的需求，影响要素的相对价格及投入数量，进而影响整体的初次分配格局。因此，在宏观经济研究领域，测定技术进步偏向及基于技术进步偏向视角解释收入分配是国内外研究中的热点问题，并涌现出了一大批的研究成果，比较有代表性的包括戴天仕等（2010）、邓明（2014）等。

实际上，技术进步偏向问题在农业经济领域的研究和运用起步更早，包括 Binswanger（1974）、Hayami 和 Ruttan（1970，1971）等都曾尝试从技术进步偏向角度对美国或日本农业技术进步的发展方向及技术进步对农业生产要素报酬的影响等问题进行过大量的实证研究，其中尤以 Hayami 和 Ruttan 对诱致性技术创新假说理论的检验最具代表性（见 2.2.2 的详细说明）。其后，基于 Hayami 和

Ruttan 所提出的分析框架，不同学者分别对不同国家和地区的农业技术和制度变迁的方向进行了分析和讨论，并检验诱致性技术（或制度）变迁假说是否成立。例如，Baldi 和 Casati（2005），Cowan 等（2015），何爱、徐宗玲（2010）等分别对意大利、美国、菲律宾的农业技术进步方向进行了研究，均得出了支持诱致性技术创新假说的结论。而 Hockmann 和 Kopsidis（2007）对俄罗斯农业的考察则表明，制度摩擦严重影响了该国的农业技术进步与技术采用，导致技术进步偏离了自然的发展方向。Persoz（2011）对英国农业的检验发现诱致性技术创新假说对于长期的技术变迁有解释力，但却无法反映短期的要素价格波动。Napasintuwong（2004）、Napasintuwong 和 Emerson（2006）的研究指出，Hayami 和 Ruttan 的诱致性创新理论的框架实质是基于成本最小化问题所建立的，并只假定了一种固定产出的情形，他们在考虑"多投入、多产出"的情形下，建立了基于利润最大化问题的诱致性创新理论，并以此分析和考察了美国移民政策及劳动力市场的变化对于佛罗里达州和美国农业技术变革的比率与方向的影响，Li 等（2017）则进一步基于 Napasintuwong 等的分析框架讨论了人口结构变化、劳动力成本上升情况下农户的生产行为调整及其对中国农业生产结构的影响。其他一些研究，如 Chavas 等（1994）、Olmstead 和 Rhode（1993）等也分别从不同的角度对诱致性技术创新假说理论的适用范围和准确性提出了质疑和改进。

国内也有一些研究基于诱致性创新假说理论分析我国农业的技术进步方向问题。林毅夫（Lin，1991；1992）最早基于中国农业的数据，采用计量方法验证了诱致性创新假说在中国也成立。王思明（2001）基于诱致性技术和制度变迁的视角总结了明清以来我国农业发展的制度和技术变革历程。姜鑫（2007）基于中国农业数据对诱致性技术创新理论进行了实证检验，指出我国农业技术进步应以生物化学技术进步为侧重，但亦不能忽略机械技术进步。周晓时等（2016）从单要素生产率变化的视角分析 1978 年以来我国农业增长的路径和技术进步方向，认为伴随着劳动力成本上升，十分有必要发展节约劳动的机械技术以降低农业生产成本。刘岳平、钟世川（2016）通过计算中国农业生产的要素替代弹性和技术进步偏向指数认为技术进步偏向资本推动了中国农业经济增长。魏金义、祁春节（2014）和武舜臣等（2016）分别对我国不同地区农业技术进步方向与资源禀赋特征的耦合关系进行了分析与讨论，指出应充分考虑不同地区农业要素禀赋条件的差异性，选择与地区要素禀赋相适应的技术类型。而杨巍（2007）、李宗健（2011）则分别考察了我国主要粮食作物生产的技术进步模式和技术效率的影响因素，得出的结论是，改革开放以来我国粮食作物生产过程中机械技术和生物化学技术的应用和普及程度都有了较大提高，现阶段主要体现为机械型技术进步。其他的众多研究，例如杨宇（2012）、郑旭媛和徐志刚（2017）还分别在诱致性技术创新的框架下分析了劳动力转移、劳动成本上升对中国农户采用劳动节约型技术行为的诱导效应、实现条件及其对我国农业生产和粮食生产布局变化的影响等。

此外，生产要素投入结构的变化也被认为是反映技术变革与发展方向的一个关键性指标（胡瑞法、黄季焜，2001；吴丽丽等，2015）。目前也有不少研究关注了劳动力成本上升背景下中国农产品生产要素投入结构的变动及技术进步方向问题。部分研究讨论了单个或单类农产品生产要素投入结构的变化。例如，胡瑞法、冷燕（2006）分析了中国三种粮食作物要素投入结构的变化及要素替代弹性，指出以更多的机械、化肥投入替代劳动已成为我国粮食生产技术的重要发展方向；王美艳（2011）则通过考察中国主要粮食作物劳动投入和资本劳动比的变化，得出了中国农业越来越倾向于使用节约劳动的生产方式，已经迁移的农民工很难再返回农业的结论；而李谷成等（2015）则以油菜为例，通过分析要素投入结构的变动及估算要素替代弹性，论证了劳动力转移并未对油菜生产尤其是单产提高产生显著损害。也有部分研究比较了不同类型农产品要素投入结构变化及技术进步方向的差别。胡瑞法、黄季焜（2001）比较了中国土地密集型粮食作物与劳动密集型园艺产品要素投入结构的变动，认为我国土地密集型生产技术将向机械对劳动投入的替代方向发展，而劳动密集型农产品的生产技术则向提高产量、质量与收益的方向发展；吴丽丽等（2015）进一步通过分析要素相对价格变化与不同农产品要素投入结构变动之间的关系，认为中国的农业技术变革存在明显的诱致性偏向，受劳动力成本上涨的影响，农业生产呈现出明显的节约劳动和“资本深化”的迹象。

2.4 文献述评

综上所述，目前国内外学者围绕中国的粮食安全问题、粮食增产的影响因素及农业技术进步和技术进步方向等问题已经开展了大量的有意义的研究工作，并取得了较为丰硕的研究成果。从中可以发现，无论是粮食安全定义的演变、相关理论的阐释，还是对中国粮食安全实际问题的分析均表明，现阶段中国粮食供求形势已经发生了深刻变化，粮食安全已不再只是总量的问题，而是结构问题和竞争力不足问题，是生产供应与有效需求如何互相匹配的问题。我国保障粮食安全的目标和关注的着眼点，应当随着经济发展阶段的演进及国内外市场环境的变化，适时进行相应的调整。与此同时，对现有研究文献的系统回顾和梳理也发现，目前的研究仍存在一些不足之处：

首先，尽管大量的文献已经对影响中国粮食产量变动的因素进行了讨论，但是将结构调整作为重要的影响因素纳入分析框架的研究依然比较少见。考虑到中国粮食增产的过程中，结构调整的现象表现得比较突出，并且结构调整可以通过改变粮食作物间的种植比例和结构、挖掘作物间的“单产差”，来提高粮食的加权平均单产和总产量。因此，有必要建立合适的分析框架，对结构调整对中国粮食增产的贡献程度进行系统测度。

其次，目前比较一致的观点都认为依靠技术进步提高粮食单产是当前及今后中国粮食增产的关键，大量的研究也曾尝试测度了技术进步对我国粮食或主要粮食作物产量及单产变动的影响，但以“12 连增”作为考察对象的研究还很少，且考虑到仅仅依靠结构调整其实也能够提高粮食总体的单产水平，忽略这一因素极有可能导致技术进步对粮食增产作用的错误估计。同时，对于技术进步对中国粮食生产的贡献程度到底有多大，更为细节化的作用途径有哪些等诸如此类的问题，也缺乏深入的研究。因此，十分有必要在综合考虑结构调整、要素投入变动等因素的基础上，重新测算技术进步对我国粮食生产发展的影响，并对相关问题进行更全面的分析与讨论。

最后，在开放的条件下，保障粮食安全不仅应当关注粮食产量，更应当关注粮食的生产成本和国际竞争力。目前，鲜有研究系统分析结构调整和技术进步对中国粮食生产成本的影响，以及二者在促进粮食增产和降低成本、提高竞争力方面是否存在结果不一致等问题。如果一致，意味着现有政策条件下依靠结构调整和技术进步能够同时达到增产和降本两个目标，对维护粮食自给水平、保障国家粮食安全显然十分有利；但如果不一致，则有可能意味着现有政策框架下难以同时实现上述两个目标，则相应的粮食政策可能需要有所调整和优化。这些问题同样值得进行深入的考察研究。

有鉴于此，本书拟基于经济学的相关原理，在分析产量目标和竞争力目标之间的关系、阐释两者之间的不完全统一性等问题的基础上，以结构调整和技术进步这两种手段为例，分别从产量和生产成本角度来考察其对粮食增产和降低生产成本、提高竞争力的影响与作用，以期能够在解释我国粮食增产的真正原因的同时，也能对产量目标和竞争力目标之间的非统一关系进行检验，并为今后如何调整粮食安全目标、保障国家粮食安全提供有价值的理论参考与对策建议。

第 3 章　研究背景与分析框架

本章将在前面两章内容的基础上，对本书选题的背景和研究的总体思路与框架做一个系统说明。首先，结合我国粮食生产、消费、贸易、库存等多方面的相关数据，对中国目前的粮食安全形势进行概要的描述，从研究背景和矛盾现象中总结出本书所要关注的研究问题。其次，针对研究问题，结合相关理论，本章将进一步论证粮食安全的产量目标和竞争力目标的不一致性，并在此基础上介绍和说明本书的研究思路、分析框架及后续章节安排的逻辑关系。

3.1　研究背景

3.1.1　中国的粮食生产现状

受“人努力、天帮忙”等一系列因素的影响，2003～2015 年中国粮食出现了“12 连增”。粮食产量由 43070 万吨增长到 62143 万吨，年均增长 3.1%。“12 连增”期间，全国粮食产量连续 9 年维持万亿斤以上，且连续 3 年突破 6 亿吨，成为新中国成立以来国内粮食总供给水平最高的时期（宋洪远，2016）。与此同时，全国粮食人均占有量也由 360 公斤增加到 450 公斤，不仅极大地提高和改善了国内的粮食安全状况，而且也为保障世界粮食生产供应和全球粮食安全做出了重要的贡献（FAO－OECD，2013；Anderson and Strutt，2014）。考虑到我国人多地少、人均水土资源严重匮乏等硬性约束条件，取得如此骄人的粮食增产业绩无疑是非常巨大而了不起的成就。

然而，如果从更长的时间跨度来看，笼统而简单地用“12 连增”来概括过去十多年来的中国粮食生产可能并不全面，更为准确的描述应当是“4 年的恢复性增产与 8 年的连创纪录增产”。表 3－1 给出了 1997～2015 年中国粮食产量的变动情况。从中可以看出，“12 连增”的起点是 1998～2003 年的粮食产量“5 连降”。受农业生产结构调整、粮食播种面积下滑及主产区自然灾害严重等一系列不利因素的影响，1998 ~ 2003 年全国粮食生产出现了较大的滑坡，5 年累计减产 8160 万吨，年均减产 3.4%，并直接导致 2003 年的粮食产量回落到 1990 年的水平以下。从 2003 年起全国粮食生产触底反弹，开始恢复性增产，至 2008 年粮食产量达到 5.28 亿吨，用了整整十年时间才超过 1998 年减产之前的水平，其后粮食生产屡破纪录，并于 2013 年以后连续 3 年维持在 6 亿吨以上。因此，严格意义上讲，粮食“12 连增”应当分段来看，实际上只有 2008 年以后的增产才能算得上是真正意义的超越历史最高水平的“8 连增”。

播种面积扩大和单产提高成为推动我国粮食“12 连增”的重要因素。如表 3 - 1 所示，从粮食播种面积的变化情况来看，1998 ~ 2003 年的粮食减产时期全国粮食播种面积由 17 亿亩迅速下降到不足 15 亿亩，年均减少 2.7%。然而，最近十几年来由于农业政策调整、农业补贴和投入资金的力度加大等一系列利好因素的影响，中国粮食播种面积逐步回升。“12 连增”期间全国粮食播种面积每年按照约 1% 的速度增长，2015 年已经增加到了 17 亿亩，与减产之前的 1998 年基本持平。而从粮食单产的变化情况来看，尽管 1998 ~ 2003 年中国粮食平均单产略有下降，但此后粮食单产很快止跌返涨，并在之后的十几年中保持年均 2% 的速度增长。2003 ~ 2015 年我国粮食单产由每亩约 290 公斤增加到 365 公斤，12 年间单产提高了近 80 公斤，是新中国成立以来粮食单产上升幅度最大、速度最快的时期之一。粮食单产的稳步提升，一方面得益于以农业技术进步水平的不断提高和农业投资、农业基础设施的逐步改善，另一方面也有一个非常重要的因素，即本书后续所要讨论的粮食品种种植结构调整密切相关。

表 3 - 1　中国粮食产量、播种面积和单产的变动（1997 ~ 2015 年）

单位：万吨，百万亩，千克/亩

年份	产量	播种面积	单产
1997	49417	1693.7	291.8
1998	51230	1706.8	300.2
1999	50839	1697.4	299.5
2000	46218	1626.9	284.1
2001	45264	1591.2	284.5
2002	45706	1558.4	293.3
2003	43070	1491.2	288.8
2004	46947	1524.1	308.0
2005	48402	1564.2	309.4
2006	49804	1574.4	316.3

续表

年份	产量	播种面积	单产
2007	50160	1584.6	316.6
2008	52871	1601.9	330.1
2009	53082	1634.8	324.7
2010	54648	1648.1	331.6
2011	57121	1658.6	344.4
2012	58957	1669.0	353.2
2013	60194	1679.3	358.4
2014	60703	1690.8	359.0
2015	62143	1700.1	365.5
1998~2003 年均增长（%）	-3.4	-2.7	-0.8
2003~2015 年均增长（%）	3.1	1.1	2.0

资料来源：根据《中国农村统计年鉴》（历年）数据整理计算。

3.1.2 中国的粮食消费现状

随着经济快速发展、人口持续增长、收入水平不断提高，中国居民食物消费结构升级加快，食物消费日益丰富化、营养化、多元化，人们对食物的需求由“吃饱、吃好”逐步向追求营养均衡的方向发展。

从图3-1所给出的1990~2012年中国城乡居民各类食物人均消费量指数的变动情况可以看出，我国居民食物消费的变化体现出如下几个特征：一是城乡居民的主食消费量减少，副食消费量增加。主要表现为粮食、蔬菜消费量和消费比重在下降，而肉类（含畜肉、禽肉等）、蛋类、奶类、水产品、植物油等其他食物消费量和消费比重正在提高。二是城乡居民食物消费存在一定的差距。具体而言，除粮食以外，城镇居民其他食物消费数量均比农村居民要高，且随着收入的增长，城乡居民对粮食、蛋类、奶类和植物油的消费差距呈现先扩大后缩小的趋势，肉类、水产品和蔬菜消费差距还在扩大。三是城乡居民各类食物消费量的变化路径不尽相同。其中，粮食、蔬菜的消费量均呈现出逐年递减的演变路径；油脂、猪肉、牛羊肉、禽类、水产品、奶制品的消费量均呈现为波动上升的变化路径，而城镇居民蛋类、瓜果的消费量随收入增长呈先上升后平稳的增长态势，农村居民此类食物的消费量却仍然处于增长阶段。可以预计，随着人口增长、收入提高、城镇化进程推进、农产品市场化程度加深，城乡居民人均食物消费情况有可能趋同（胡冰川、周竹君，2015）。

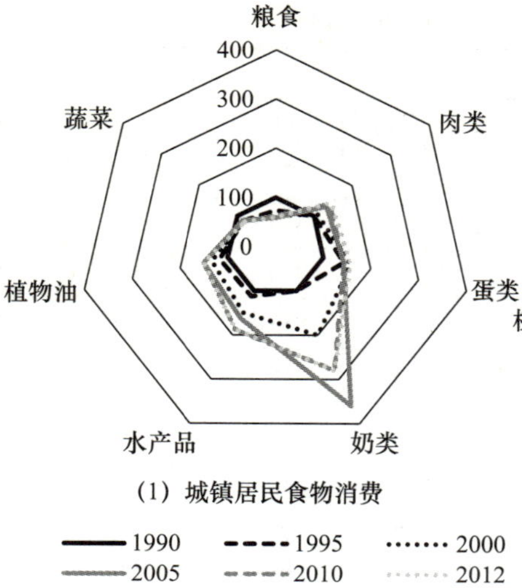

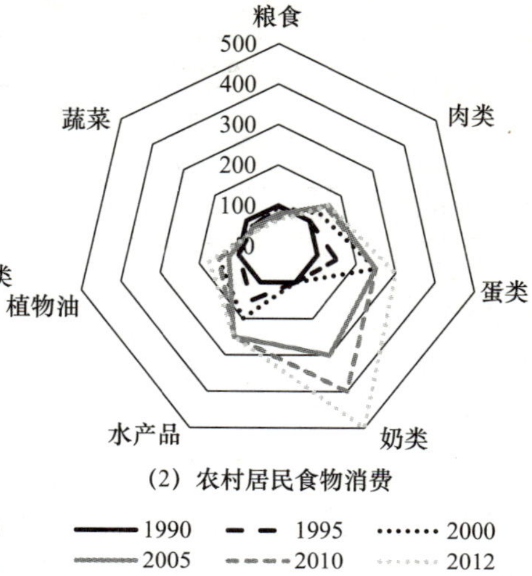

图 3－1　中国城乡居民不同食物人均消费量指数的变动（1990～2012 年）

注：①粮食：农村居民的粮食消费数据 = 原粮 ×（小麦出粉率 + 稻谷出米率）/2，其中出粉率设为 67.45%（杨冬梅，2012），出米率设为 73.5%（纪建海等，2006）；②肉类：猪肉 + 牛羊肉 + 禽类；③蛋类：城镇为鲜蛋，农村为禽蛋及制品；④奶类：城镇为鲜奶，农村为奶及奶制品；⑤水产品：城镇 2008 年、2009 年购买量只包括鱼和虾的购买量，不包括其他水产品及制品的购买量；⑥蔬菜：城镇为鲜菜；⑦雷达图中的数据为食物消费指数，食物消费指数 = 100 × 各年食物消费量/1990 年食物消费量。

资料来源：根据《中国住户调查年鉴》（历年）数据整理计算。

人均食物消费数量与结构的变化及人口总量的持续增长推动我国粮食总消费量稳步提升。表 3－2 给出了根据国家粮油信息中心提供的相关数据所整理的 2005～2014 年我国谷物消费总量及不同用途、不同谷物品种的消费情况。首先，从总量上看，我国谷物消费由 2005 年的 4.2 亿吨增长到 2014 年的 5.2 亿吨，近十年间增长了近 1 亿吨，年均增长 2.4%。同期粮食产量增长 1.2 亿吨，年均增长约 2.5%，略高于消费增长速度。其次，从分用途的粮食消费上看，目前我国谷物用作口粮（食用）、饲料用粮和加工消费用粮的结构比例约为 4∶2∶1，并且这一结构从时间趋势上看较为稳定，而种用粮食消费及占比在技术进步的作用下持续下降。除种子用粮以外，其他三种用途的谷物消费在 2005～2014 年均有所提高，其中加工用粮翻番，增速最大；口粮用粮增长 21%；饲料用粮增加 12%。最后，从不同粮食品种的消费情况看，我国稻谷消费趋于稳定，而玉米和小麦消费增长显著。2005～2014 年，稻谷消费从 1.8 亿吨增长到 2 亿吨；小麦消费从约 1 亿吨增长到 1.3 亿吨，年均增长 3.3%；玉米消费增长显著，年均增长 3.6%。总体而言，过去十多年来，我国粮食消费量保持稳定增长趋势，但与同期全国粮食产量的快速增长相比，消费需求的增速仍然相对缓慢。

表 3-2 中国谷物消费量变动（2005~2014 年） 单位：万吨

年份	总消费量	分用途消费量占比（%）				分品种消费量		
		食用	饲料用	加工用	种子用	稻谷	小麦	玉米
2005	42050	58.1	30.5	8.5	2.9	18325	9985	13740
2006	42514	57.4	26.9	14.0	1.7	17973	10202	14339
2007	43194	56.5	27.8	14.1	1.7	18079	10520	14595
2008	43379	57.7	27.1	13.6	1.7	18318	10438	14623
2009	46548	55.1	28.1	15.2	1.5	18869	10609	17070
2010	48249	54.4	28.5	15.6	1.5	19400	11049	17800
2011	51934	52.9	30.3	15.4	1.4	19840	13359	18735
2012	51965	55.1	28.6	14.8	1.4	20150	13480	18335
2013	50753	57.3	26.9	14.4	1.5	19855	12920	18198
2014	52088	56.5	27.7	14.4	1.44	20248	13375	18900

注：表中的“粮食”主要指谷物，即稻谷、小麦、玉米三个品种。

资料来源：根据国家粮油信息中心提供的《谷物市场供需平衡表》等数据及市场信息整理计算。

3.1.3 中国的粮食贸易现状

一方面国内粮食产量、消费量在不断增长，另一方面中国粮食进口的数量也在显著增加，尤其是2001年底加入世界贸易组织（WTO）以后，受国内供求压力、国内外价差、贸易政策调整及人民币汇率变动等一系列因素的影响，中国粮食进口规模持续扩大，粮食贸易的格局也随之发生了巨大的改变。图3-2给出了1997~2015年我国粮食进出口及净进口数量的变动情况。从中可以看出，“入世”之前的1997~2000年，中国粮食出口均大于进口，总体表现为净出口。然而，“入世”以后，随着粮食进口量迅速扩大，中国很快由净出口国转变为净进口国，特别是2007年以后粮食净进口量急剧增加。2007~2015年我国粮食净进口量由2561万吨飙升至12313万吨，短短7年时间扩大了近4倍，粮食净进口的年均增长速度超过了20%。

中国粮食进口和净进口量快速、大幅度增长主要原因在于大豆和谷物进口数量的急剧扩张。表3-3所给出的中国主要粮食产品贸易变动情况的数据显示，1997~2015年我国大豆的进口量逐年快速增长，到2015年大豆净进口量已经超过8000万吨，占到当年全国粮食净进口总量的约70%，也占到世界大豆贸易总量的2/3以上。与此同时，从2009年起中国谷物开始出现净进口，且净进口规模按照每年60%以上的速度激增，短短6年时间增长了16倍以上，目前净进口量已经突破3200万吨。更为值得关注的是，中国稻谷、小麦、玉米三大主粮作

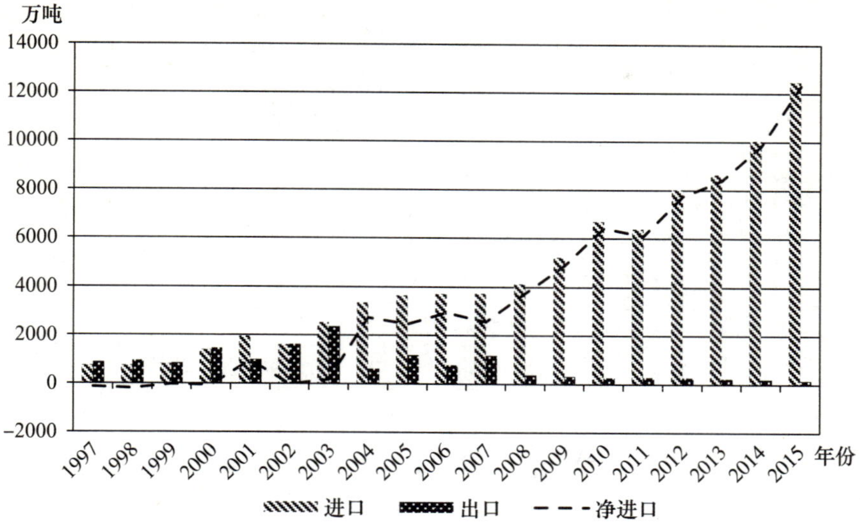

图 3-2　中国粮食进出口的变化（1997~2015 年）

资料来源：根据《中国农村统计年鉴》（历年）数据整理计算。

物相继在 2010 年前后由净出口转变为净进口，且从 2011 年开始呈现全面净进口格局，净进口增长的趋势也很明显。尽管由于进口配额制度的存在，中国稻谷、小麦、玉米三大主粮品种的进口数量仍未超出各自所允许的配额总量，但是随着国内外粮食市场形势的变化，进一步增加进口的压力同样非常大。

表 3-3　中国主要粮食品种贸易的变动（1997~2015 年）　　单位：万吨

年份	粮食			谷物			稻谷		
	进口	出口	净进口	进口	出口	净进口	进口	出口	净进口
1997	738.4	878.1	-139.7	410.4	788.5	-378.1	32.6	93.9	-61.3
1998	742.0	939.0	-197.0	382.4	860.7	-478.3	24.4	373.7	-349.3
1999	808.8	840.3	-31.5	333.8	721.2	-387.4	16.8	270.8	-254.0
2000	1390.7	1452.4	-61.7	312.4	1359.4	-1047.0	23.9	294.8	-270.9
2001	1950.4	991.2	959.2	344.3	875.6	-531.3	26.9	185.9	-159.0
2002	1605.1	1619.6	-14.5	284.9	1482.2	-1197.3	23.6	198.2	-174.6
2003	2525.8	2354.6	171.2	208.0	2194.7	-1986.7	25.7	260.5	-234.8
2004	3351.5	620.4	2731.1	974.5	473.4	501.1	75.6	89.8	-14.2
2005	3647.0	1182.3	2464.7	627.1	1013.7	-386.6	51.4	67.4	-16.0
2006	3713.8	774.4	2939.4	358.2	605.2	-247.0	71.9	124.0	-52.1
2007	3731.0	1169.5	2561.5	155.5	986.7	-831.2	48.8	134.3	-85.5

续表

年份	粮食			谷物			稻谷		
	进口	出口	净进口	进口	出口	净进口	进口	出口	净进口
2008	4130.6	378.9	3751.7	154.0	181.2	-27.2	33.0	97.2	-64.2
2009	5223.1	328.3	4894.8	315.0	131.7	183.3	35.7	78.0	-42.3
2010	6695.4	275.1	6420.3	570.7	119.9	450.8	38.8	62.2	-23.4
2011	6390.0	287.5	6102.5	544.6	116.4	428.2	59.8	51.6	8.2
2012	8024.6	276.6	7748.0	1398.2	96.0	1302.2	236.9	27.9	209.0
2013	8645.2	243.1	8402.1	1458.1	94.7	1363.4	227.1	47.8	179.3
2014	10042.4	211.4	9831.0	1951.0	70.9	1880.1	257.9	41.9	216.0
2015	12477.0	164.0	12313.0	3271.5	53.3	3218.2	337.7	28.7	309.0

年份	小麦			玉米			大豆		
	进口	出口	净进口	进口	出口	净进口	进口	出口	净进口
1997	186.1	0.1	186.0	0.0	661.7	-661.7	287.6	18.6	269.0
1998	148.9	0.6	148.3	25.1	468.6	-443.5	319.2	17.0	302.2
1999	44.8	0.1	44.7	7.0	430.5	-423.5	431.9	20.4	411.5
2000	91.0	18.8	72.2	0.3	1029.4	-1029.1	1041.9	21.1	1020.8
2001	73.9	71.3	2.6	3.9	600.0	-596.1	1393.9	24.8	1369.1
2002	63.2	97.7	-34.5	0.8	1167.5	-1166.7	1131.4	27.6	1103.8
2003	44.7	251.4	-206.7	0.1	1640.1	-1640.0	2074.1	26.7	2047.4
2004	725.8	108.9	616.9	0.2	232.4	-232.2	2023.0	33.5	1989.5
2005	353.9	60.5	293.4	0.4	864.2	-863.8	2659.0	39.6	2619.4
2006	61.3	151.0	-89.7	6.5	309.9	-303.4	2823.7	37.9	2785.8
2007	10.1	307.3	-297.2	3.5	492.1	-488.6	3081.7	45.6	3036.1
2008	4.3	31.0	-26.7	5.0	27.3	-22.3	3743.6	46.5	3697.1
2009	90.4	24.5	65.9	8.4	13.0	-4.6	4255.1	34.6	4220.5
2010	123.1	27.7	95.4	157.3	12.7	144.6	5479.8	16.4	5463.4
2011	125.8	32.8	93.0	175.4	13.6	161.8	5263.7	20.8	5242.9
2012	370.1	28.5	341.6	520.8	25.7	495.1	5838.4	32.0	5806.4
2013	553.5	27.8	525.7	326.6	7.8	318.8	6337.5	20.9	6316.6
2014	300.4	19.0	281.4	259.9	2.0	257.9	7139.9	20.7	7119.2
2015	300.7	12.2	288.5	473.0	1.1	471.9	8169.4	13.4	8156.0

注：净进口 = 进口 - 出口

资料来源：根据《中国农村统计年鉴》、《中国粮食年鉴》（历年）数据整理计算。

3.1.4 中国的粮食自给率变化

长期以来中国政府始终高度重视粮食安全，并一直将维持粮食的高自给率水平作为衡量粮食安全的最基本指标（全世文、于晓华，2016；钟甫宁，2016）。从1996年《中国的粮食问题》白皮书上首次明确提出保障国家粮食自给率不低于95%的目标开始，此后多种官方文件，例如，2008年国家发展和改革委员会发布的《国家粮食安全中长期规划纲要（2008~2020年）》①、2011年农业部发布的《全国农业和农村经济发展第十二个五年规划》等都相继强调了“进一步加强粮食生产能力建设、确保95%以上的粮食自给率”② 的目标。

然而，伴随着过去十多年来粮食产量与进口量的“双增长”，中国粮食自给率也发生了较大的变化。按照FAO给出的计算粮食自给率的方法，粮食的自给率等于国内产量占国内产量与净进口量之和的比例。根据这一公式，一般而言，粮食产量连续增长以后，粮食自给率应当是上升而不是下降的。然而，中国的事实却恰恰相反，大量进口已经导致我国粮食自给率明显降低。

表3-4给出了1997~2015年中国主要粮食品种的自给率水平的变动情况。从中可以看出，在主要的粮食品种中大豆自给率的下降尤为突出。伴随着大豆进口规模持续扩大，中国大豆自给率从1997年的85%左右开始持续走低，到2015年我国大豆进口量达到国内产量的6.9倍，自给率已经降至不足13%。与此同时，稻谷、小麦、玉米三大主粮的自给率也都有所下降。其中，玉米和稻谷在2009年和2011年之前由于国内进口小于出口，贸易格局总体表现为净出口，因而自给率均能保持在100%以上，但此后随着贸易情况发生逆转、净进口规模开始扩大，两者的自给率开始逐年下降，到2015年已经分别减少至97.9%和98.5%。相比于稻谷和玉米，中国小麦自给率的年际波动相对较大，但从2009年开始由于进口持续大于出口，小麦的自给率也出现了显著下滑，由2008年的100%以上减少到目前的97.8%。总体而言，我国谷物产品的自给率在2008年之前的多数年份均能保持在100%以上，但近年来随着进口规模的不断扩大，谷物自给率呈现出逐年下降的态势。尽管目前我国谷物自给率仍能维持在95%左右的高水平，但如果算上大豆，从2008年起中国广义的粮食产品自给率已经下降至不足95%，2012年突破90%，到2015年更进一步降低到85%以下。

---

① 参见中华人民共和国中央人民政府网站（http：//www. gov. cn/test/2008-11/14/content_1148698. htm）。

② 参见中华人民共和国农业部网站（http：//www. moa. gov. cn/ztzl/shierwu/）。

表 3－4　中国主要粮食品种自给率变动情况（1997～2015 年）　单位:%

年份	粮食	谷物	稻谷	小麦	玉米	大豆
1997	100.3	100.9	100.3	98.5	106.8	84.6
1998	100.4	101.1	101.8	98.7	103.5	83.4
1999	100.1	100.9	101.3	99.6	103.4	77.6
2000	100.1	102.7	101.5	99.3	110.8	60.2
2001	97.9	101.4	100.9	100.0	105.5	52.9
2002	100.0	103.1	101.0	100.4	110.6	59.9
2003	99.6	105.6	101.5	102.4	116.5	42.9
2004	94.5	98.8	100.1	93.7	101.8	46.7
2005	95.2	100.9	100.1	97.1	106.6	38.4
2006	94.4	100.6	100.3	100.8	102.0	35.1
2007	95.1	101.9	100.5	102.8	103.3	29.5
2008	93.4	100.1	100.3	100.2	100.1	29.6
2009	91.6	99.6	100.2	99.4	100.0	26.2
2010	89.5	99.1	100.1	99.2	99.2	21.6
2011	90.3	99.2	100.0	99.2	99.2	21.6
2012	88.4	97.6	99.0	97.3	97.6	18.4
2013	87.8	97.6	99.1	95.9	98.6	15.9
2014	86.1	96.7	99.0	97.8	98.8	14.6
2015	83.5	94.7	98.5	97.8	97.9	12.6

注：自给率 = 产量/（产量 + 进口 − 出口）×100%

资料来源：根据《中国农村统计年鉴》、《中国粮食年鉴》（历年）数据整理计算。

3.1.5　粮食库存、非必需进口与竞争力

在粮食产量连续增长的背景下，中国粮食自给率却显著下滑、粮食进口规模急剧扩大，这一方面可能与国内的产需缺口有关，即所谓的“补充型进口”；另一方面则主要是因为国内外价差所导致的“竞争型进口”或“价差驱动型进口”。前者有利于缓解我国的资源环境压力，为国内粮食供给提供补充；而后者则属于超出正常产需缺口以外的“非必需进口”，充分暴露出了我国粮食产品国际竞争力不足的问题。

自 2007～2008 年全球金融危机和粮食危机以后，受到世界经济复苏缓慢、原油价格下行、生物能源发展减速、世界粮食供需关系逐渐宽松等一系列因素的

影响，国际粮食市场波动趋缓，粮食价格进入下行周期。然而，与之相反，伴随着劳动力成本的迅速上涨，土地成本、生态成本和质量安全成本的日益显性化且持续提高，中国农业生产成本步入快速上升通道。在这样的背景下，为了维护农民的种粮收益、提高农户种粮积极性，基于“生产成本加合理利润”的原则，中国政府相继于2004年和2006年开始实施针对主产区稻谷、小麦等主粮品种的最低收购价政策，于2008年起在部分省区启动针对玉米、大豆等粮油产品的临时收储政策，并逐年调高粮食政策性收购价格。根据表3-5所整理的相关数据，近年来中国主要粮食品种的政府收购价格都在快速上升，其中稻谷品种上涨超过90%，小麦品种涨幅超过60%，玉米、大豆的临时收储价格提高得也非常明显。在这样的情况下，基于成本之上的主要粮食产品的政策性收购价格不断提高进一步推动了国内粮食市场均衡价格随之持续上扬。

表3-5 粮食最低收购价和临时收储价格的变化情况（2004~2014年）

单位：元/斤

类别	品种	2004年	2005年	2006年	2007年	2008年	2009年	2010年	2011年	2012年	2013年	2014年	涨幅（%）
最低收购价格	早籼稻	0.7	0.7	0.7	0.7	0.77	0.9	0.93	1.02	1.2	1.32	1.35	92.9
	中/晚籼稻	0.72	0.72	0.72	0.72	0.79	0.92	0.97	1.07	1.25	1.35	1.38	91.7
	粳稻	0.75	0.75	0.75	0.75	0.82	0.95	1.05	1.28	1.4	1.5	1.55	106.7
	白麦			0.72	0.72	0.77	0.87	0.9	0.95	1.02	1.12	1.18	63.9
	红麦			0.69	0.69	0.72	0.83	0.86	0.93	1.02	1.12	1.18	71.0
临时收储价格	玉米					0.75	0.75	0.9	—	1.06	1.12	1.12	49.3
	大豆					1.85	1.87	1.9	2	2.3	2.3	—	24.3

注：①小麦最低收购价在2011年之前区分白麦、红麦混合麦，价格略有差别；2012年后不再区分，价格相同；②根据地区不同，从2011年起东北三省和内蒙古地区国家临时存储玉米挂牌收购价格（国标三等质量标准）有所差别，此处取各地区的平均价格；③2014年国家取消大豆临时收储政策，实行大豆目标价格改革试点，不再公布大豆临时收储价格。

资料来源：根据《中国物价年鉴》（历年）数据整理得到。

一方面国际粮价下行、国内粮食价格上涨，导致国内外粮食价格出现倒挂现象，进口国外低价粮食动力增强；另一方面由于缺乏必要的进口保护和调控手段，我国的关税和非关税等边境保护措施难以有效发挥“防火墙”作用（倪洪兴，2017；叶兴庆，2017）。加入世界贸易组织过程中，中国农业作出了广泛而重大的减让和承诺，较大幅度地开放了国内农产品市场（张莉琴，2005；王琦，2014），中国农产品进口平均关税由1992年的54%下降到2001年的17.9%，进而进一步下降到2005年的15%左右（倪洪兴等，2015）。与此同时，中国入世承诺取消了所有非关税措施，仅保留关税、关税配额等少数手段，且农产品关税可用空间十分有限，水平也不能再提高（朱晶、吴国松，2012；罗兴武等，2014）。目前，中国农产品平均关税只有15%，是世界平均的1/4，甚至远远低于瑞士、挪威、冰岛、日本、加拿大、欧盟等发达国家和地区（见图3－3）。中国对粮、棉、糖等大宗农产品实行进口关税配额管理制度，配额量大、配额内关税低、配额外最高关税65%；而对大豆、大麦、高粱、木薯等则实行单一关税，税率只有2%～5%；对其他油籽、植物油和主要乳制品的进口关税也只有9%～10%。相比WTO其他成员，我国既没有足够的关税政策空间和复杂的关税形式，也无法使用进口许可、数量限制等措施，农产品进口调控政策手段非常有限。

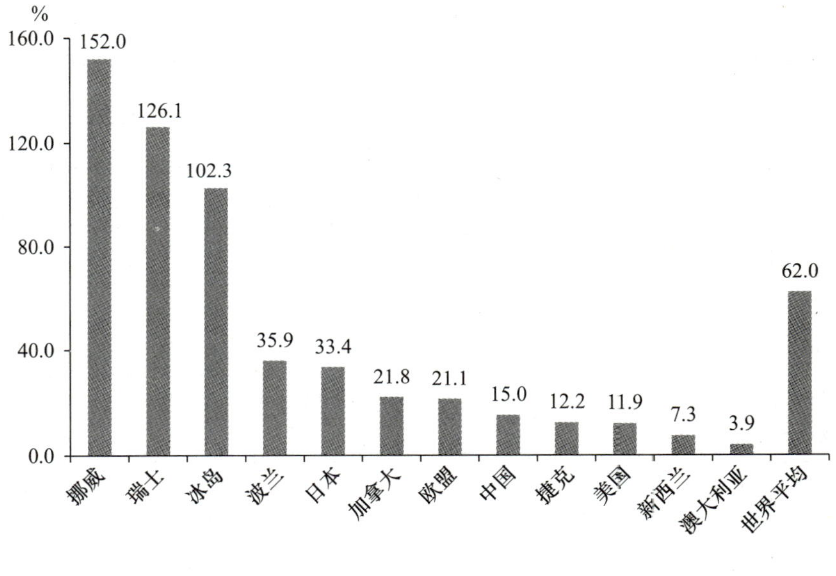

图3－3　中国与世界主要国家农产品约束关税率的比较（2011年）

资料来源：根据WTO网站数据库整理计算。

在可用的进口调控手段有限的情况下，国内市场均衡价格不仅显著高于国际市场价格，而且也远高于进口税后价格。图3－4给出了根据农业部发布的相关数据所整理的2010～2015年按照月度计算的中国与国际市场主要粮食产品国内价格与进口完税价格的比较情况。从中可以看出，总体而言，在考察期内国内主要粮食产品的价格持续走高，而国际粮食进口到岸完税价以2013年为界则大致呈现“先波动上升、后迅速下降”的趋势。2010～2013年之前的多数月份，稻谷、小麦、玉米三大主粮的国内价格基本都低于国外进口完税价，大豆的国内价格与国际进口完税价基本持平。然而，2013年以来伴随着国际粮价迅速走低，主要粮食产品的国内到港价格已经显著高于国外进口完税价，价格倒挂的现象非常明显。如果按照2015年1～9月的平均价格计算，目前中国稻米、小麦、玉米和大豆的国内价格分别比国外价格高出45.2%、50.6%、53.0%和45.8%。面对如此巨大的价格差距，出现大量“价差型进口”和超出正常产需缺口之外的“非必需进口”已经不可避免。

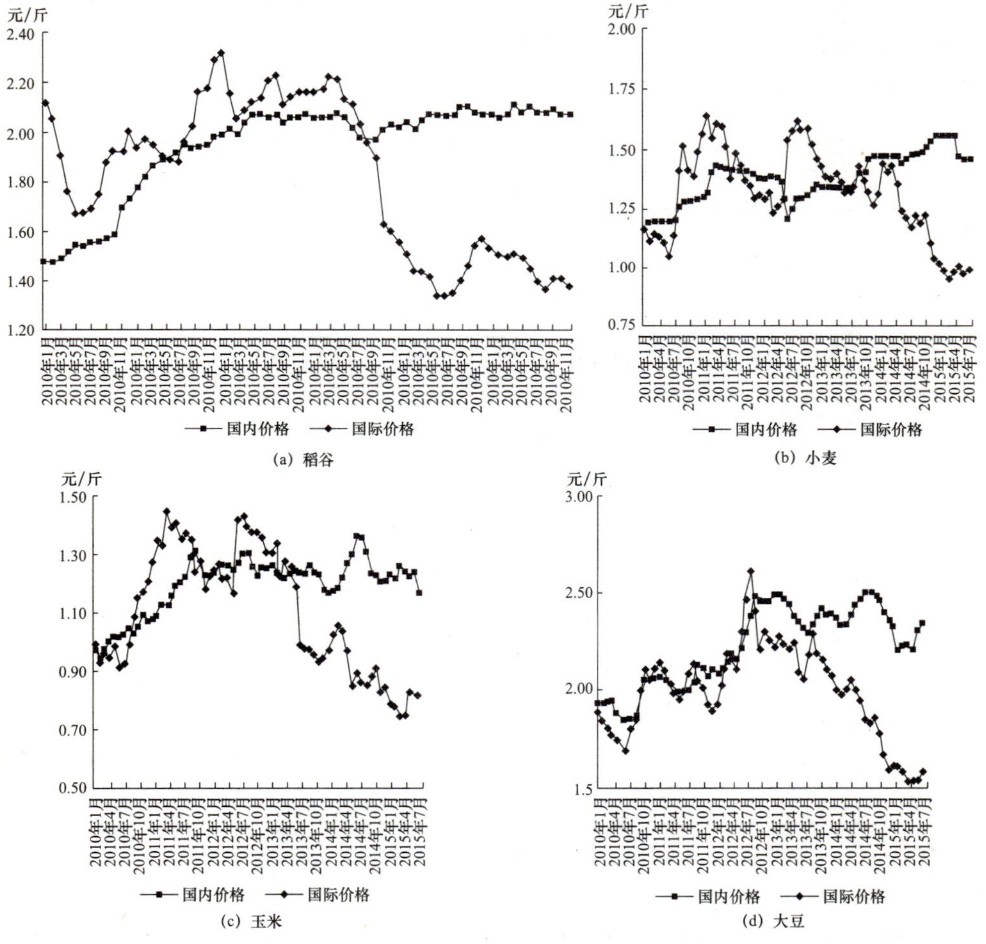

图3-4 中国与国际市场主要粮食产品价格比较（2010～2015年）

注：①稻米国内价格指全国晚籼米（标一）批发均价，国际价格指泰国曼谷（25%含碎率）大米到岸税后价格；②小麦国内价格为广州黄埔港优质麦到港价，国际价格为美国墨西哥湾硬红冬麦（蛋白质含量12%）到岸税后价；③玉米国内价格为东北2等黄玉米运到广州黄埔港的平仓价，国际价格为美国墨西哥湾2级黄玉米（蛋白质含量12%）运到黄埔港的到岸税后价；④大豆国内价格为山东国产大豆入厂价，国际价格为青岛港口的进口大豆到岸税后价；⑤图中国际价格数据均为美元对人民币的换算价格，2010年1月份以来的美元汇率按当月银行基准价均价计算。

资料来源：农业部市场与经济信息司：《农产品供需形势分析月报（大宗农产品）》2015年9月。

除了国内粮食产量、进口量大幅增加、自给率不断下降以外，同样值得关注的还有中国粮食的库存积压连创历史新高①。表 3 -6 给出了根据公开数据计算和整理的近年来我国主要粮食品种的国内供需和库存变化情况②。从中可以看出，2012 ~2015 年国内主要粮食产品的总供给量均大幅超过了总消费量，导致三大主粮的期末库存量均在显著增加，尤其是玉米库存增长非常快，已经突破了 2 亿吨，相当于国内消费量的 1.5 倍；稻谷和小麦的库存同样处于高位，2015 年的年末库存量分别达到了 5423 万吨和 5560 万吨，库存—消费比也远远超过了国际上公认的 17% ~18% 的合理水平。

表 3 -6 中国主要粮食作物的供需及库存情况（2012 ~2015 年）

单位：万吨，%

品种	年份	总供给量	总消费量	年末库存	库存—消费比
稻谷	2012	20914	17284	3572	20.67
	2013	21437	17117	4272	24.96
	2014	22410	17485	4862	27.81
	2015	23401	17392	5423	31.18
小麦	2012	13880	12500	2804	22.43
	2013	13873	11650	3409	29.26
	2014	14993	11650	4135	35.49
	2015	16149	11400	5560	48.77
玉米	2012	20998	16765	4225	25.20
	2013	24860	16389	8469	51.67
	2014	30662	14307	16314	114.03
	2015	37794	15447	22341	144.63
大豆	2012	8014	7459	529	7.09
	2013	8839	7953	871	10.95
	2014	10076	8892	1168	13.14
	2015	10599	9196	1385	15.06

注：①“总供给量”是指国内粮食的总供应量，包括产量、进口量及库存的流入流出等；“总消费量”是指国内的实际消费量，不包括出口部分；②“库存—消费比”采用库存与总消费量之间的比值计算得到。

资料来源：根据 Wind 数据库相关数据整理计算。

① 参见《中国粮食库存达到历史峰值》，《经济观察报》2015 年 10 月 26 日。

② 由于计算方法、统计口径等原因，有关中国粮食消费和库存的数据存在不同的版本，目前并没有一个统一的结果。为了保持数据在时间年度上的口径一致性，本书选择 Wind 数据库综合计算整理的数据作为分析的依据。

导致我国粮食库存大量增加的主要原因在于：一方面，粮食政策性收购价格提高、相对收益有利等因素使得部分粮食品种，如玉米等，产量在短期内出现爆发性增长，但同期国内主要粮食的消费需求却并未明显增加（见表3-6），从而导致产量增速远快于消费需求增速，出现产大于需的局面；另一方面，国内外“价格差”不断扩大，使进口替代动力越发充足，大量的粮食“非必需进口”替代了部分国产粮食需求。尽管目前通过发挥配额关税制度及技术贸易壁垒等手段的限制作用，我国三大主粮的进口数量并不大，但由于高粱、大麦等杂粮施行的都是较低的单一关税制度，导致其净进口量近年来持续飙升，替代了部分主粮的消费需求的同时，也进一步增加了国内粮食库存。此外，国内粮食收购价格持续上涨还抬高了下游加工企业的生产成本、压缩了其经营利润，导致企业购入国产粮食意愿不强，进而引发了粮食市场出现“卖粮难”、政策性收购的粮食难以顺价销售及粮库胀库、库存成本激增、财政支出负担加重等一系列连锁反应问题（戴化勇、钟钰，2016）。如何改革与完善粮食价格支持政策体系、理顺粮食国内外及流通环节上下游之间的价格关系、减缓或去除巨大的粮食库存压力等问题，已成为目前我国粮食安全领域需要解决的当务之急。

3.2 分析框架

上述对中国粮食生产、贸易、自给率和库存等多个方面的分析表明，尽管过去十多年来中国粮食持续增产，粮食安全在总量供应方面取得了一定的成就，但由于国内和国际粮食供求形势及粮食价格的变化，近年来中国主要的粮食品种呈现全面净进口格局、粮食“非必需进口”持续增加、自给率不断下降，同时还面临着产量、进口量和库存量“三量齐增”等现实困境及由此而引发的粮食价格支持政策、粮食产业链的不同环节等出现的各种矛盾和问题。这反映出当前我国粮食供求形势已经发生了深刻变化，粮食安全已不再只是总量问题，而越来越多地体现为结构问题和竞争力不足问题。然而，从现有情况来看，国内粮食安全关注更多的仍然是产量目标，对竞争力目标的关注相对缺乏，深入分析两者之间的相互关系的研究也较为少见。

本部分将首先基于经济学相关原理，尝试从理论上解释和说明在开放条件下粮食价格、产量、进口和自给率之间的关系，论证粮食产量目标与竞争力目标之间的不完全统一性问题；其次结合我国过去的粮食生产过程中一些具体的经验做法（如结构调整、技术进步），分析其影响粮食产量的作用机理，并深入探讨这些增加产量的措施或手段是否也可以同时起到降低生产成本、提高竞争力的作用，为后文各章节进行具体的测算和验证分析提供必要的理论基础。

3.2.1 粮食安全：产量目标与竞争力目标的非统一性

（1）进口并不一定等于缺口，高产量并不必然带来高自给率。从经济学角度，可以借助图3-5来分析和说明开放条件（国内和国际市场以价格关系相连）且国内有最低保护价（如最低收购价、临时收储价）的情况下，国内粮食产需和进口数量的决定过程。假设世界市场的粮食供给和需求曲线分别为 S_w 和 D_w，对应的世界市场价格为 P_w；国内市场的粮食供给和需求曲线分别为 S_d 和 D_d，国内市场完全出清时的价格为 P_e。考虑到国内采用价格支持政策，可设定粮食最低保护价为 P_s（$P_s>P_e$）。首先，从国内市场来看，在 P_s 的最低保护价格下，对应的国内粮食需求量和供给量（国内产量）分别为 Q_d 和 Q_s，其中 $Q_s>Q_d$，表明最低保护价格的存在会使国内粮食生产可能会超过粮食消费需求，引发一部分的粮食产量过剩，即（Q_s-Q_d）。其次，进一步考虑国际市场，假设粮食进口国是贸易的小国，是世界粮食价格的接受者，粮食进口到岸价格为 P'_w（考虑到存在进口关税等，P'_w 会略高于 P_w），且满足 $P'_w<P_e<P_s$。此时，由于国际粮食价格更便宜，即使在国内粮食已经过剩的情况下，粮食进口的数量仍会达到（$Q_d^1-Q_s^1$）。与此同时，因为进口的这一部分便宜的粮食更容易在国内市场上流通并满足国内消费需求，所以这将进一步挤出掉一部分对国产粮食的消费需求，即（$Q_d-Q_d^2=Q_d^1-Q_s^1$），从而导致国产粮食只有 Q_d^2 被市场消化，国产粮食的过剩部分由

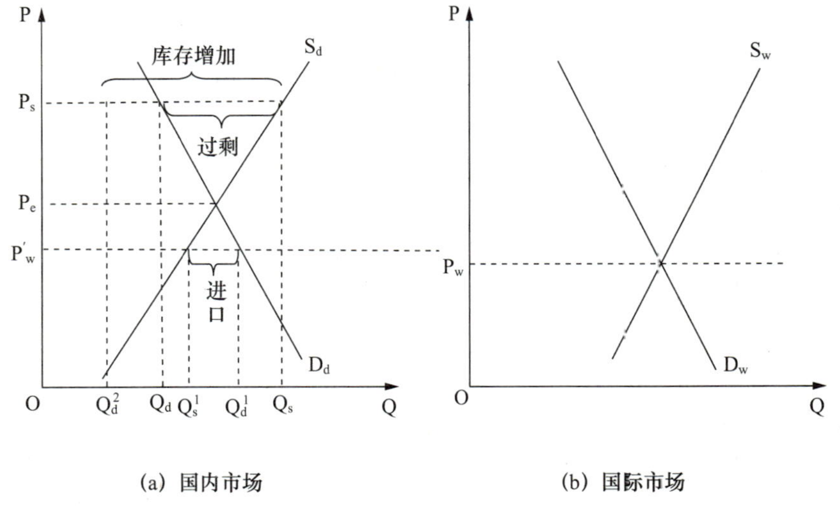

图3-5 开放条件下的国内粮食大量进口与过剩并存的经济学分析

$(Q_s - Q_d)$ 进一步增加到 $(Q_s - Q_d^2)$，并最终转化为库存的增加量。

从上面的理论分析可以看出，在开放的条件下，粮食进口由市场价格决定，粮食贸易的方向实际上取决于国内外价格竞争力的比拼。进口数量的多少并不一定反映国内粮食产需缺口的实际大小，因而由“价格差”所引致的粮食进口增加和自给率下降，也并不意味着国内粮食供需缺口在扩大，粮食总量供应出现了不足，或粮食安全状况发生了恶化。相反地，如果本身国内粮食供给充足，且国内价格远高于国外价格的话，“价差型进口”的增加反而会加剧国内粮食供过于求的矛盾，导致粮食库存更大数量的增加。中国目前所出现的粮食“三量齐增”和自给率持续下降等情况正好与此相符，这也表明上述理论推导逻辑能够较好地解释和说明我国当前遇到的现实问题。

（2）高产量可能伴随着高成本，产量目标与竞争力目标并非总是完全统一。前述分析已经表明，在开放的条件下粮食贸易的方向取决于国内外粮食价格竞争力的比拼。而考虑到农产品相对而言同质性较高，粮食价格竞争力很大程度上由生产成本的高低决定。一国的粮食生产成本受到本国农业生产条件、资源禀赋和要素价格等多种因素的影响。同时，由于农业生产资源的有限性及土壤肥力的等级差别等因素，随着粮食产量的增加生产成本可能也会相应发生动态的变化。

图3－6给出了经济学教科书中一般情况下产量与生产成本变动之间的一个关系示意图，此处以粮食为例进行分析。假定粮食生产过程中的要素投入包括可变的投入和固定投入两大类，图中ATC、AVC和AFC分别代表粮食生产的平均总成本、平均可变成本和平均固定成本曲线，MC表示粮食生产的边际成本曲线。平均总成本是平均可变成本与平均固定成本之和，且由于平均固定成本（AFC）会随着产量的增长而下降，因而当产出增长时，ATC曲线和AVC曲线之间的垂直距离将会不断缩小。经济学中的边际产出递减规律表明，随着产出的增加可变要素投入的边际产出会出现下降，这意味着生产额外一单位的粮食需要追加更多的可变要素投入，这会导致粮食生产的边际成本的提高，因此，总体而言，边际成本曲线（MC）是随着产量的增加而不断上升的。当边际成本低于平均成本时，随着MC曲线的上升，AVC和ATC曲线下降；而当边际成本高于平均成本时，随着MC曲线的上升，AVC曲线会立马上升，ATC曲线也会随后出现上升，即边际成本曲线将分别穿过平均可变成本和平均总成本的最低点。这表明一旦穿过这些最低点以后，越高的粮食产量同时也将意味着更高的生产成本。

以上分析表明，粮食产量的增加有可能伴随着平均生产成本的上升，从而引发基于成本之上的粮食价格竞争力下降。换句话说，提高产量的目标与提高竞争力的目标可能并非总是完全统一的，甚至有可能会是相互矛盾的。追求粮食总产量的提高可以通过提升单产或者增加播种面积来实现。后者的增加可能意味着更多“边际”土地的利用，即原本不完全适合生产粮食或生产效率相对较低的土地用于粮食生产，难免“事倍功半”，效率低、成本高；而前者的提高如果是科技进步的结果，即以更少（或相同）的投入获得更多的产出，则有助于降低成本、提高竞争力，但如果是以进一步增加单位面积的要素投入为主要途径，则根据经济学上的边际产出递减和边际成本递增规律，其平均生产成本会向上移动，单位产品的竞争力有可能不升反降。

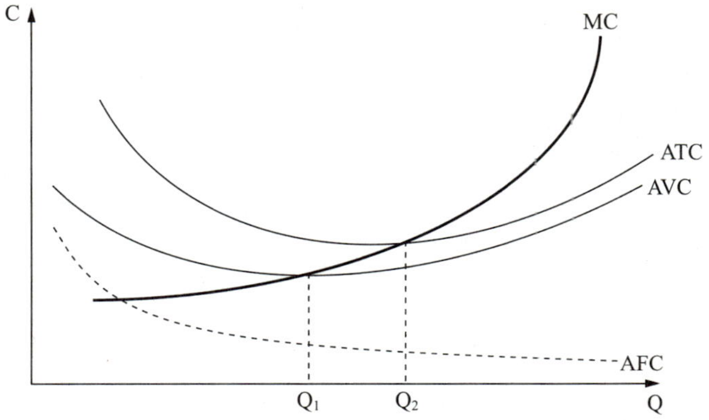

图 3－6　粮食产量与生产成本之间的关系

回到中国的现实情况来看，中国传统的“粮食安全观”往往强调的都是“高自给率”和“高产量”，而非“高竞争力”。为了实现“高自给率”和“高产量”的目标，长期以来，国内几乎所有的农业政策与措施都是围绕如何提高粮食产量来制定与推进的。然而，如果产量目标和竞争力目标之间本身可能会存在不一致性的话，那么值得关注和需要回答的问题即是：我们过去和目前正在采取的一些提高粮食产量的政策或者措施，是否同时能够实现降低生产成本、提高竞争力的目标呢？如果一致，意味着现有政策条件下这些措施和手段能够同时达到增产和降本两个目标，对维护粮食自给水平、保障国家粮食安全显然十分有利；但如果不一致，则有可能意味着现有政策框架下难以同时实现上述两个目标，则相应的粮食政策和所采取的措施途径可能需要有所调整和优化。

这是本书想要探究的主要问题，同时也是本书随后各章节希望通过结合中国粮食生产过程中所采取的具体措施和手段，如结构调整和技术进步，分别考察其对粮食产量和生产成本的影响问题的逻辑起点。以下将分别以结构调整和技术进步为例，分别分析它们对粮食产量和生产成本的影响，进而探讨其在推动粮食增产和提高竞争力方面是否存在方向不一致的问题。

3.2.2 粮食产量：结构调整与技术进步的影响

从粮食产量的角度出发，影响产量变动的因素有很多，包括科技进步、要素投入、政策因素和气候因素等，但正如朱晶等（2013，2015）所指出的那样，从本质上来看，粮食产量变化的直接影响因素只有两个：一是粮食播种面积的变化；二是单位面积产量的变化；其他所有的因素对粮食增产的影响最终都体现在面积和单产的变化上。而实际上，后者的实现路径也有两条：一是各粮食作物自身单产水平的提高；二是各粮食作物种植结构比例的变化，即利用不同粮食作物平均单产水平存在的差异，通过高产作物对低产作物的种植替代，也可以在即使各粮食作物单产水平不变的情况下实现粮食总体加权平均单产的提高。因此，除去播种面积增长和各作物自身单产提高以外，粮食作物内部的种植结构调整可能也是影响粮食产量不可忽视的重要因素。

另外，考虑到我国水土资源形势严峻，多数的研究都认为依靠技术进步提高粮食单产已经并将继续成为推动我国粮食增产的主要途径（翟虎渠，2010；袁隆平，2011 等）。但事实上，技术进步并非影响粮食单产的唯一因素，要素投入的变化、粮食生产结构的改变等可能都会对粮食单产造成影响。并且如前所述，简单地调整粮食种植结构，如采用玉米替代大豆，即可以提高每亩粮食的单产水平，但这种单产提高与技术进步与否并没有直接关系，忽略结构调整因素极有可能导致技术进步对粮食增产作用的错误估计。因此，十分有必要对结构调整和技术进步对中国粮食增产的影响和贡献程度进行重新测度，一方面有助于厘清推动中国粮食增产的主要因素到底是什么，结构调整、技术进步究竟在其中发挥了怎样的作用等问题；另一方面也能为判断中国今后的粮食增产潜力及增产方向提供有益的启示。

3.2.3 粮食生产成本：结构调整和技术进步的影响

而从竞争力的角度出发，国内外粮食市场竞争力的比拼实际上是粮食生产成本的比拼。如果粮食种植结构调整的方向是向更高亩产、更高收益，但投入也更高，或者与国外相比竞争力更弱的粮食作物上进行的话，那么这种结构调整可能对于提高粮食总产量和农民种粮收益是有利的，但对提高粮食产品的国际竞争力则是不利的。同理，也有可能存在相反的情况。此外，技术进步除了能够影响粮食的单产外，可能也会对粮食的生产成本带来影响，例如，如果技术进步的方向偏向于采用相对便宜的生产要素替代昂贵的生产要素，便有可能达到节约或者减缓生产成本上升的压力；反之效果则有可能相反。

那么，过去十多年来中国粮食生产过程中的实际情况到底如何呢？本书将在随后第4~7章中结合相关数据，采用数量和实证分析的方法，通过分别分析和测度结构调整与技术进步对中国粮食产量和生产成本的影响来对此进行解答，以期能够为准确地认识和理解我国当前粮食安全领域所出现的相关问题提供启示，同时也能为更好地保障国家粮食安全提供有价值的理论参考与对策建议。

第 4 章　结构调整[①]对粮食增产的影响和贡献程度分析

从理论上讲，如果把粮食生产看作一个整体，则粮食增产主要是通过总播种面积的扩大和粮食平均单产水平的提高这两条路径来实现的。而实际上，后者的实现路径也有两条：一是各粮食作物自身单产水平的提高；二是各粮食作物内部种植结构比例的变化，即利用不同粮食作物平均单产水平存在的差异，通过高产作物对低产作物的种植替代，也可以在各粮食作物自身单产水平不变的情况下，实现粮食总体加权平均单产的提高。因此，除去粮食总播种面积增长和各作物自身单产提高对粮食增产的贡献以外，粮食种植结构调整可能也是影响粮食产量变动的不可忽视的重要因素。

第 3 章的分析已经表明，在中国过去十几年的粮食持续增产过程中，全国粮食总播种面积和各粮食作物单产水平出现了“双增长”，可以预期它们在粮食增产过程中应该发挥了重要的作用。然而，过去十几年来我国粮食种植结构调整的方向又如何呢，这种结构调整又会对粮食“12 连增”有何影响?

本章将对上述问题进行分析和解答，主要包括三部分的内容：首先，结合 2003 ~ 2014 年中国粮食及不同粮食作物生产的数据，考察粮食种植结构调整的具体情况；其次，基于指数分解的方法，对播种面积、作物单产和结构调整各自对粮食产量增长的影响和贡献程度进行测度和分析；最后，进行简要的总结。

4.1　中国粮食生产结构的变动

4.1.1　各粮食品种对粮食增产的贡献

过去十多年来伴随着粮食生产总量的持续增长，中国粮食生产的品种结构也

① 本书重点讨论不同粮食作物之间的种植比重变化的结构调整的影响，其他层次的结构调整暂不予以讨论，详见本书第 2 章 2.1.3。

发生了较为明显的变化。表4-1分别给出“12连增”期间我国主要粮食作物产量的变动情况及其对粮食增产的贡献程度。从中不难看出，2003~2014年中国不同粮食品种的产量增长情况存在很大的差异，其中，玉米产量的增长最为引人注目。2003年以来，全国玉米产量增加了近1倍，占粮食总产量的比重也由26.9%上升到35.5%，成为促进“12连增”的绝对主力，对粮食增产的贡献率高达56.6%，并一举超越稻谷成为中国第一大粮食作物。稻谷和小麦产量的增长也很迅速，对粮食增产的贡献分别达到了26.0%和22.5%，但由于稻谷增产的速度慢于粮食增产的平均速度，导致其在全国粮食总产量中的占比有所下降，而小麦的占比则略有提升。值得注意的是，大豆和其他粮食作物产量均有所下降，2003~2014年两者产量分别减少了21.1%和11.1%，对粮食增产的贡献均为负，占粮食总产量的比重也出现了显著下滑。

表4-1 主要粮食作物的产量变动及增产贡献（2003~2014年）

单位：万吨，%

年份	稻谷		小麦		玉米		大豆		其他	
	产量	占比	产量	占比	产量	占比	产量	占比	产量	占比
2003	16066	37.3	8649	20.1	11583	26.9	1539	3.6	5233	12.1
2004	17909	38.1	9195	19.6	13029	27.8	1740	3.7	5074	10.8
2005	18059	37.3	9745	20.1	13937	28.8	1635	3.4	5026	10.4
2006	18172	36.5	10847	21.8	15160	30.4	1507	3.0	4118	8.3
2007	18603	37.1	10930	21.8	15230	30.4	1273	2.5	4124	8.2
2008	19190	36.3	11246	21.3	16591	31.4	1554	2.9	4290	8.1
2009	19510	36.8	11512	21.7	16397	30.9	1498	2.8	4165	7.8
2010	19576	35.8	11518	21.1	17725	32.4	1508	2.8	4321	7.9
2011	20100	35.2	11740	20.6	19278	33.7	1449	2.5	4554	8.0
2012	20429	34.7	12058	20.5	20812	35.3	1305	2.2	4353	7.4
2013	20361	33.8	12193	20.3	21849	36.3	1195	2.0	4596	7.6
2014	20651	34.0	12621	20.8	21565	35.5	1215	2.0	4651	7.7
增长率	28.5		45.9		86.2		-21.1		-11.1	
贡献率	26.0		22.5		56.6		-1.8		-3.3	

注：①“占比”为不同粮食品种的产量占当年粮食总产量的比重；②“增长率”表示给定时间段内不同粮食作物产量的增长幅度；③“贡献率”代表各粮食作物对给定时间段内粮食增产的贡献程度，可以用相同时间段中某粮食作物产量变动的增量与粮食总产量变动的增量比值乘以100来表示。

资料来源：根据《中国农村统计年鉴》（历年）数据整理计算。

4.1.2 各粮食品种占粮食播种面积比重变化

各粮食作物产量增速不一致且对粮食增产贡献存在较大不同的主要原因在于各自单产和播种面积变化的差异。从单产的角度来看，图4－1给出了2003～2014年中国主要粮食作物单产水平的变化情况。从中可以很明显地看出三个特点：一是尽管略有波动，但总体而言主要粮食作物的单产都呈现出不断上升的趋势；二是作物间单产的相对高低次序并未发生改变，主要粮食作物单产由高到低依次是：稻谷、玉米、小麦、其他和大豆，单产最低的大豆每亩产量只有120公斤左右，分别仅相当于稻谷的26.2%，玉米的30.8%；三是由于不同作物单产增长速度的差别，最近十几年来高产粮食作物（如稻谷、玉米）单产提高的速度明显快于低产作物（如大豆、其他等），导致前者与后者之间的亩产差距有逐年扩大的趋势。以大豆和玉米为例，2003年两者每亩单产的差距是211公斤，而到2014年这一数值则变成了268公斤，扩大了近30%。

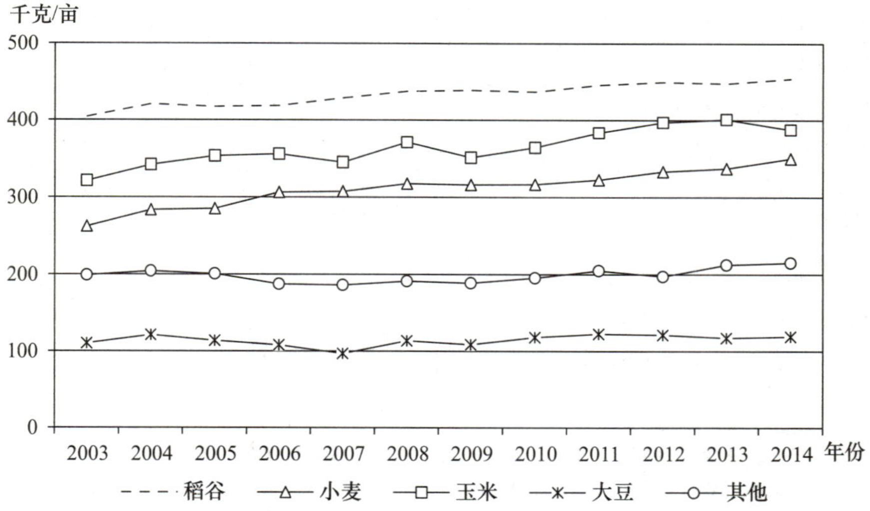

图4－1 主要粮食作物单产的变动情况（2003～2014年）

资料来源：根据《中国农村统计年鉴》（历年）数据整理计算。

从播种面积的角度来看，表4－2给出了2003～2014年中国主要粮食作物播种面积和占比变动的数据。从中可以看出，过去十多年来我国三大主粮的播种面积呈现上升趋势，其中玉米播种面积增长的势头最为强劲。2003～2014年中国玉米播种面积增长了2.0亿亩，扩大了54.2%。玉米播种面积占粮食总播种面积的比例也由24.2%增加至32.9%。与之相反，大豆播种面积则呈现出持续减少的趋势，占粮食总播种面积的比重由9.4%下降到6.0%。与此同时，其他粮食作物的播种面积也在不断大幅下滑。2003~2014年全国除稻谷、小麦、玉米和大豆以外的粮食作物的播种面积减少了约5000万亩，占粮食总播种面积的比重也由17.6%下降到不足13%。考虑到玉米、大豆和其他粮食作物在中国很多地方生长周期上的重叠关系，且伴随着大量进口低价大豆的冲击，在很多地区国产大豆改种玉米这一现象较为普遍，这也在一定程度上能够说明导致上述变动差异的原因。

表4-2　主要粮食作物的播种面积及占比变化（2003~2014年）

单位：百万亩,%

年份	稻谷		小麦		玉米		大豆		其他	
	面积	占比	面积	占比	面积	占比	面积	占比	面积	占比
2003	397.6	26.7	330.0	22.1	361.0	24.2	139.7	9.4	262.9	17.6
2004	425.7	27.9	324.4	21.3	381.7	25.0	143.8	9.4	248.5	16.3
2005	432.7	27.7	341.9	21.9	395.4	25.3	143.9	9.2	250.3	16.0
2006	434.1	27.6	354.2	22.5	426.9	27.1	139.6	8.9	219.6	13.9
2007	433.8	27.4	355.8	22.5	442.2	27.9	131.3	8.3	221.5	14.0
2008	438.6	27.4	354.3	22.1	448.0	28.0	136.9	8.5	224.2	14.0
2009	444.4	27.2	364.4	22.3	467.7	28.6	137.9	8.4	220.4	13.5
2010	448.1	27.2	363.9	22.1	487.5	29.6	127.7	7.8	221.0	13.4
2011	450.9	27.2	364.1	21.9	503.1	30.3	118.3	7.1	222.2	13.4
2012	454.5	27.2	362.1	21.7	524.2	31.4	107.7	6.5	220.6	13.2
2013	454.7	27.1	361.8	21.5	544.8	32.4	101.9	6.1	216.3	12.9
2014	454.7	26.9	361.0	21.4	556.8	32.9	102.0	6.0	216.3	12.8

注：①"占比"是指不同粮食作物播种面积占当年粮食总播种面积的比例；②"增长率"是指给定的时间段内不同粮食作物播种面积的变动比率。

资料来源：根据《中国农村统计年鉴》（历年）数据整理计算。

高产的稻谷和玉米种植比重逐年增加，而低产的大豆、小麦及其他粮食作物等占比相对下降，表明在粮食持续增产过程中，中国的粮食种植结构已经呈现出较为明显的高产作物替代低产作物的特征。考虑到高产作物替代低产作物，可以通过挖掘作物间的"单产差"来提高粮食的"加权平均单产"，进而提高粮食的总产量。那么，过去十多年来这种粮食种植结构调整对中国粮食增产到底发挥了多大的作用，贡献程度究竟有多大？本章剩下的部分将对此展开深入的测度研究。

4.2 结构调整对粮食增产贡献的测度方法与数据说明

4.2.1 测度方法

本部分将借助指数分解方法（Index Decomposition Analysis，IDA）来测算结构调整对“12 连增”期间中国粮食产量变动的影响与贡献程度。该方法的基本思想就是将某个指标总量的变化分解为几个影响因素来进行分析。目前，这一方法被广泛应用于能源经济中能源消费的影响因素分析、碳排放的影响因素分析及对产业结构和就业之间的关系等多个领域（朱晶等，2013；李天祥、朱晶，2014；滕瑜、李天祥，2016）。具体而言，借助 IDA 方法的思想，本书的测算思路如下：

粮食总产量（Q_t）可以表示为各作物（如小麦、玉米、水稻、大豆和薯类等其他粮食作物）各自的播种面积（r_{it}）与其各自单产（y_{it}）的乘积之和：

$$Q_t = \sum r_{it} y_{it} \tag{4-1}$$

其中，i 代表不同的粮食作物，t 为时间年度。

也可以表示为粮食总播种面积（R_t）与单位面积上的粮食平均产量（即粮食“加权平均单产”（Y_t））的乘积：

$$Q_t = R_t \times Y_t = \sum r_{it} y_{it} \tag{4-2}$$

其中，

$$Y_t = \sum s_{it} y_{it} \tag{4-3}$$

$$s_{it} = r_{it}/R_t \tag{4-4}$$

粮食的“加权平均单产”是各作物自身的单产水平与其播种面积在粮食总播种面积中的占比（s_{it}）的乘积。前者的变化往往源于技术进步（以及要素投入量和当年的天气等），而后者的变化就是粮食作物内部的种植结构调整。如果种植结构不变，各作物单产的提高无疑会提高加权平均单产；而如果种植结构调整，如加大高产作物的种植比重，则即使各作物的单产没有任何提高（甚至有一定程度的下降），加权平均单产仍有可能上升，在总播种面积不变的情况下增加总产量。

基于此，粮食总产的变化可以归因于以下三种因素的贡献：①粮食总播种面积变化的贡献；②各粮食作物本身单产变化的贡献；③粮食内部结构调整的贡献。

实际上，准确把握结构调整的内涵应当至少包含两层含义：一是在保持粮食总播种面积不变的情况下，高产作物替代低产作物，前者的播种面积扩大以压缩后者的播种面积为代价；二是在粮食播种面积增长的情况下，各种作物的面积并非等比例增长，高产的增长快，低产的增长慢，这也可以理解为一种高产替代低产的结构调整。但无论是上述哪层含义，最终的表现结果都是高产作物占总播种面积的比重上升，而低产作物的播种比例则下降。与无结构调整的情形相比，结构调整情形下粮食的加权平均单产会进一步提升。因此，要准确测算结构调整对粮食增产的贡献，必须以结构不调整（保持各粮食作物的相对播种面积不变）的情形作为参照，并将结构调整后的实际情形与之进行对比，才能分离并测度出播种面积变化、各作物实际单产变化以及结构调整三个因素对粮食增产的贡献。具体而言，测算思路及方法如下：

假设存在一种无结构调整的情形，在此情形下相邻两期中粮食各作物的播种面积的比例不发生变化，此时下一期的粮食总产量可以表示为：

$$Q'_{t+1} = \sum r'_{i,t+1} y_{i,t+1} \tag{4-5}$$

并且满足条件$\frac{r'_{i,t+1}}{r_{it}} = \frac{R_{t+1}}{R_t} = \beta_{it}$，其中，$Q'_{t+1}$为无结构调整情形下第 t+1 期的粮食产量，$r'_{i,t+1}$为无结构调整下 i 作物的播种面积，$R_{t+1}$为第 t+1 期的粮食总播种面积，$\beta_{it}$表示无结构调整状态下粮食总播种面积及各作物播种面积的增长率。

进一步地，无结构调整情形下第 t+1 期的粮食总产量可以表示为：

$$Q'_{t+1} = \sum r'_{i,t+1} y_{i,t+1} = \beta_{it} R_t \sum s_{it} y_{i,t+1} \tag{4-6}$$

无结构调整情形下相邻两期的粮食总产量的变化是：

$$\frac{Q'_{t+1}}{Q_t} = \beta_{it} \frac{\sum s_{it} y_{i,t+1}}{\sum s_{it} y_{it}} = \beta_{it} \lambda_{it} \tag{4-7}$$

式（4-7）表明，无结构调整情形下粮食产量变化实际上由两部分组成的，一是粮食总播种面积的变化（β_{it}），二是各作物加权后的自身单产变化$\left(\lambda_{it} = \frac{\sum s_{it} y_{i,t+1}}{\sum s_{it} y_{it}}\right)$。

将式（4-7）变形且两边取对数可得到：

$$\ln \frac{Q_{t+1}}{Q_t} - \ln \frac{Q'_{t+1}}{Q_t} = \ln \frac{Q_{t+1}}{Q_t} - \ln\beta_{it} - \ln\lambda_{it} \tag{4-8}$$

式（4－8）表明，从实际的、可观察到的粮食产量变化中扣除因粮食总播种面积和各粮食作物自身单产变化所导致的粮食总产量变化部分，即可得到因结构调整而导致的粮食产量的变化率。

据此，可以分别得到播种面积、作物单产及种植结构调整对粮食产量变化的贡献率：

播种面积变动的贡献率：

$$\psi_{Rt} = \ln\beta_{it} / \ln\frac{Q_{t+1}}{Q_t} \tag{4-9}$$

结构调整的贡献率：

$$\psi_{At} = 1 - \ln(\beta_{it}\lambda_{it}) / \ln\frac{Q_{t+1}}{Q_t} \tag{4-10}$$

各作物单产变化的贡献率：

$$\psi_{yt} = 1 - \psi_{Rt} - \psi_{At} \tag{4-11}$$

4.2.2 数据说明

依据上述测算思路和方法，以假设的无结构调整情形为参照，本部分将分别计算实际上已发生结构调整的情况下，粮食播种面积、作物单产及结构调整对中国粮食增产的贡献率。同时，为了更加深入地理解粮食品种内部种植结构调整对中国粮食增产的推动作用，根据地理因素及全国农作物的区域种植结构和种植特点，参考刘顺飞（2007）、陈文佳（2011）等研究的划分方式，本书进一步将31个省份划分为六大区域，以分别测度和比较上述三种因素对过去十多年来全国不同区域粮食增产的贡献程度之大小。这六大区域分别是：东北地区包括黑龙江、吉林、辽宁及内蒙古；东南地区包括上海、江苏、浙江、福建、广东、海南；华北地区包括北京、天津、河北、山西、山东、河南；华中地区包括安徽、江西、湖北、湖南；西南地区包括重庆、四川、贵州、云南、广西、西藏；西北地区包括陕西、甘肃、青海、宁夏、新疆等。

为完成以上测算，本部分所需要的研究数据主要包括：全国以及不同省份粮食及不同粮食作物的产量、播种面积及单位面积产量等数据。考虑到我国粮食作物的种类丰富，为了分析的方便，本部分将全国的主要粮食作物加总简化为五大类，分别是水稻（包括粳稻和籼稻）、小麦（包括春小麦和冬小麦）、玉米（包括南方玉米和北方玉米）、大豆及其他粮食作物。其中，其他粮食作物的播种面积和产量数据采用从粮食总的播种面积和产量数据中扣除前四种品种之后的余值部分来表示。六大区域的粮食产量、播种面积及单产则分别由对应的省份加总计算得到。上述所有数据均来源于《中国统计年鉴》和《中国农村统计年鉴》，研究时间跨度是2003～2014年。

4.3 结构调整对粮食增产贡献的测度结果分析

4.3.1 结构调整对全国粮食增产的贡献

表4-3给出了2003~2014年中国粮食连续增产期间结构调整对全国粮食产量变动的影响及贡献程度。分年份来看，2003~2014年的11年间有10年结构调整对全国粮食产量增长的贡献率均为正值，并且其中有7年贡献率甚至还超过了20%。过去十多年中，结构调整对粮食增产的贡献率平均①为24%，其中2007年和2009年结构调整的贡献率甚至一度超过了50%，达到了54.9%和67.1%。考虑到这两年中粮食作物的纯单产水平实际上出现了一定程度的下滑，若非结构调整的正向拉动作用，粮食的加权平均单产极有可能出现更大幅度的下降，从而导致粮食的增产效果势必大打折扣。

表4-3 结构调整对全国粮食增产的贡献率（2003~2014年） 单位:%

年份	粮食产量	播种面积		加权平均单产		各作物单产		结构调整	
	增长率	增长率	贡献率	增长率	贡献率	增长率	贡献率	增长率	贡献率
2004/2003	9.0	2.2	24.5	6.6	75.5	5.7	63.1	1.1	12.4
2005/2004	3.1	2.6	84.9	0.5	15.1	0.3	10.1	0.2	5.0
2006/2005	2.9	0.7	22.5	2.2	77.5	1.0	33.7	1.3	43.8
2007/2006	0.7	0.6	90.6	0.1	9.4	-0.3	-45.6	0.4	54.9
2008/2007	5.4	1.1	20.2	4.3	79.8	4.5	82.8	-0.2	-3.0
2009/2008	0.4	2.1	514.6	-1.6	-414.6	-1.9	-481.7	0.3	67.1
2010/2009	3.0	0.8	27.7	2.1	72.3	1.5	52.3	0.6	20.1
2011/2010	4.5	0.6	14.0	3.9	86.0	3.4	74.6	0.5	11.4
2012/2011	3.2	0.6	19.5	2.6	80.5	1.9	58.3	0.7	22.2
2013/2012	2.1	0.6	29.5	1.5	70.5	1.0	46.7	0.5	23.8
2014/2013	0.8	0.7	81.0	0.2	19.0	0.1	12.9	0.1	6.1
2014/2003整体	40.9	13.4	32.7	24.3	67.3	20.6	50.3	7.0	17.0

注：①表中相邻两年的各项指标的计算分别是以前一年为基期、后一年为报告期计算的结果；②"2014/2003年整体"则是以2003年为基期、2014年为报告期计算的整体增长率和贡献率。

资料来源：笔者计算。

① 此处的"平均"指的是2003~2014年相邻年份所计算出的结构调整贡献率的算术平均值。

进一步地，如果将2003～2014年间的粮食增产看作一个整体，2003～2014年全国粮食总产量增长了40.9%，其中播种面积扩大、单产提高和结构调整分别推动粮食产量增长13.4%、20.6%和7.0%，各自在粮食总产量增长中的贡献率分别达到了32.7%、50.3%和17.0%。值得注意的是，在部分年份，如2006年和2012年，结构调整对粮食增产的贡献率均超过了播种面积的贡献率，也就是说，粮食作物内部种植结构调整、高产作物对低产作物的种植替代，对粮食总产量的增加作用甚至可以比增加种植面积的作用还要大。结构调整无疑已经成为过去十多年来推动我国粮食产量增长的一个重要途径。

4.3.2 结构调整对不同地区粮食生产的影响

分区域来看，在全国粮食产量连续增长期间，不同地区粮食作物内部种植结构调整，即高产作物对低产作物的种植替代在替代方式和替代程度上存在较为明显的差异。表4－4给出了2003～2014年中国不同地区粮食生产结构调整比较的情况。其中，东北、华北地区的种植结构变化与全国整体相似，表现为高产的稻谷、玉米对低产的大豆和其他粮食作物的替代，小麦播种比例较为稳定。2003～2014年东北稻谷和玉米播种面积占粮食总播种面积的比重分别提高了5.3个和17.3个百分点，各自比全国平均水平高出5.1个和8.6个百分点，而同期大豆和其他粮食作物的播种比例则累计减少了12.2个和10.0个百分点，显著高于全国的平均降幅。考虑到东北、华北地区在全国粮食生产和增产中的特殊地位①，这两个区域内的稻谷、玉米对大豆和其他粮食作物大幅度的种植替代无疑将对全国整体的结构调整走势产生十分重要的影响。

表4－4 不同地区粮食种植结构调整的情况（2003～2014年） 单位:%

地区	项目	稻谷	小麦	玉米	大豆	其他
东北地区	2003年占比	12.7	3.1	40.7	25.5	18
	2014年占比	18	2.8	58	13.3	8
	比重变化	5.3	－0.3	17.3	－12.2	－10
东南地区	2003年占比	57.7	15.7	6.4	4.9	15.3
	2014年占比	56.9	21	6.7	3.9	11.5
	比重变化	－0.9	5.3	0.4	－1	－3.8

① 东北地区和华北地区是全国粮食生产的主要区域，粮食产量占到全国粮食总产的约50%，其中玉米、大豆的产量均占到了全国总产的75%左右。因此，这两个地区玉米和大豆种植比例的变化对全国层面种植结构调整具有十分重要的影响。

续表

地区	项目	稻谷	小麦	玉米	大豆	其他
华北地区	2003 年占比	2.9	44.6	34.3	5.4	12.9
	2014 年占比	3.2	44.3	41.6	3.2	7.7
	比重变化	0.3	-0.3	7.4	-2.2	-5.2
华中地区	2003 年占比	57.1	15.7	7.4	7.9	11.9
	2014 年占比	60.1	18.1	9.5	5.8	6.5
	比重变化	3	2.3	2.1	-2.1	-5.4
西北地区	2003 年占比	3.2	40.8	25.9	5.9	24.2
	2014 年占比	3.1	35.1	36.6	2.9	22.3
	比重变化	-0.2	-5.7	10.8	-3	-1.9
西南地区	2003 年占比	35.3	14	19.9	4	26.9
	2014 年占比	33.3	10.1	24.2	3.5	28.8
	比重变化	-1.9	-3.9	4.3	-0.5	2.0
全国平均	2003 年占比	26.7	22.1	24.2	9.4	17.6
	2014 年占比	26.9	21.4	32.9	6	12.8
	比重变化	0.2	-0.8	8.7	-3.3	-4.8

注：①表中的“占比”数据均是指给定年份某地区不同粮食作物的播种面积占该地区粮食总播种面积的比重；②“比重变化”则是指 2014 年相对 2003 年的占比增加情况。

资料来源：笔者计算。

与东北、华北地区不同，华中地区除了高产的稻谷、玉米对低产的大豆、薯类及其他粮食作物的替代以外，小麦的播种比重也有所提高。考虑到该地区小麦单产是大豆单产的 3.2 倍、是薯类等其他粮食作物单产的 1.7 倍，玉米、稻谷和小麦播种比例的上升无疑为该地区增加粮食总产创造了条件。与此同时，西南地区和西北地区粮食作物内部种植结构调整主要表现为玉米对于稻谷、小麦等作物的替代；西南地区稻谷播种比例降低 1.9 个百分点，一定程度上抵消了该地区玉米替代其他粮食作物的增产效果，导致其成为全国粮食增产数量最低的区域之一。而东南地区稻谷和玉米播种比例则相对较为稳定，该地区结构调整主要体现为相对高产的小麦对低产的大豆及薯类等其他粮食作物的种植替代，且作物播种面积调增和调减的比例变化并不太大，因而与其他地区相比，该地区的粮食增产数量也相对较低。

上述各个地区粮食种植结构调整方向及调整程度的差异，直接导致结构调整对各地区粮食增产的贡献也存在较大不同。如表 4-5 所示，结构调整对我国六大地区粮食增产贡献的范围在 4.4% ~35.1%。具体来看，由于东北地区玉米、稻谷等高产粮食作物代替大豆及其他低产粮食作物的程度最高，结构调整对该地区粮食增产的贡献也最大，达到35.1%，比作物单产提高对粮食增产的贡献还高出 10.5 个百分点。考虑到 2003 ~2014 年东北地区粮食增产量占到全国粮食增产总量的37.7%，可以计算得到，该地区粮食内部种植结构调整共推动全国粮食总产增长 13.2%，占到了结构调整对全国粮食增产总贡献率（17%）的 78%。东北地区毫无疑问成为全国粮食种植结构调整幅度最大、成效也最为显著的区域。

表 4 –5 结构调整对不同地区粮食增产的贡献率（2003 ~2014 年）

单位：万吨，%

地区	产量			播种面积		加权单产		作物单产		结构调整	
	增长量	占比	增长率	增长率	贡献率	增长率	贡献率	增长率	贡献率	增长率	贡献率
东北	6651	37.7	87.2	35.2	40.4	38.4	59.6	21.4	24.6	30.6	35.1
东南	859	4.9	15.0	–1.0	–6.9	16.2	106.9	15.2	101.1	0.9	5.8
华北	4771	27.1	45.3	13.1	29.0	28.4	71.0	26.0	57.5	6.1	13.6
华中	3116	17.7	38.8	13.7	35.4	22.0	64.6	19.4	50.1	5.6	14.5
西北	1364	7.7	47.2	14.6	30.9	28.5	69.1	24.3	51.5	8.3	17.6
西南	873	4.9	10.5	0.0	–0.1	10.6	100.1	10.1	95.7	0.5	4.4
全国	17633	100.0	40.9	13.4	32.7	24.3	67.3	20.6	50.3	7.0	17.0

注：表中产量栏下的“增长量”、“占比”、“增长率”三项数据分别代表的是不同地区 2003 ~2014 年粮食的增产量、占到全国粮食总增产量的比重，及对该地区而言 2014 年相对于 2003 年粮食增产的幅度。

资料来源：笔者计算。

在东南、西南地区，由于粮食总播种面积略有减少，这两个区域内粮食增产主要得益于粮食作物单产水平的提高，作物单产水平对两地粮食增产的贡献分别高达 101.1% 和 95.7%，虽然结构调整对两地的粮食增产也起到了重要的推动作用，但贡献率相对较小，分别仅为 5.8% 和 4.4%。其他地区，如华北、华中和西北地区，结构调整对粮食增产的贡献率均在 15% 左右。整体来看，在这三个地区，粮食播种面积、作物单产水平和结构调整对粮食增产的贡献比例大概为 6:10:3。由此可见，高产作物替代低产作物的种植结构调整对我国各地区的粮食增产均有重要的推动作用，且这种作用在东北地区尤为显著。

4.4 本章小结

本章首先结合2003～2014年中国粮食及不同粮食作物生产的数据，考察和分析了“12连增”期间我国粮食种植结构调整的具体情况。结果表明，过去十多年来中国的粮食种植结构呈现出较为明显的以高产的玉米、稻谷替代低产的大豆、其他粮食作物的特征。进一步地，本章采用指数分解法定量测度了结构调整对中国粮食增产的影响及其贡献程度。结果表明，2003～2014年结构调整对全国粮食增产的贡献率达到了17％。其中，东北地区是全国粮食种植结构调整程度最大、增产效果最为显著的区域。该地区种植结构调整推动全国粮食总量增长了13.2％，占到结构调整对全国粮食增产总贡献的近80％。与粮食总播种面积扩大和粮食作物自身单产提高一样，种植结构调整已经成为推动我国粮食产量增长不可忽视的重要力量。

第5章　技术进步对粮食增产的影响和贡献程度分析

第4章对中国粮食产量增长的贡献因素的分解分析表明，在过去十多年的粮食持续增产过程中，播种面积扩大和单产提高对我国粮食产量的增长都发挥了重要的作用。如果将粮食增产视为一个整体来看，播种面积增加和单产（加权平均单产）提高各自对粮食产量增长的贡献分别在1/3和2/3左右，这与部分研究测算出的结果是基本一致的（朱晶等，2013；田甜等，2015；封志明等，2016）。然而，本书进一步将粮食加权平均单产的增长分解为粮食作物纯单产提高和结构调整的作用两个部分发现，结构调整对粮食增产的贡献达到了17%，作物自身纯单产提高对粮食增产的贡献其实只有50%。如果说作物纯单产的提高又会受到天气条件、要素投入、技术进步等一系列因素的影响，那么可以合理推测的是，扣除所有其他因素的影响以后，仅仅技术进步这一项因素对中国粮食增产的贡献程度应该是远小于50%的。

这似乎与目前学术界或政策界普遍强调或认为的观点存在一定的出入。例如，翟虎渠（2010）认为，技术进步对我国农业增长的贡献率已经由新中国成立初期的15%增长到2007年的47%，且技术进步对粮食增产的贡献可能更为突出。秦富（2011）也认为，全要素生产率提高已经成为我国粮食增产的主要推动力量，2004～2009年政策和技术进步因素对我国粮食增产的贡献高达73.5%。姜松等（2012）基于省级面板数据实证测算的结果表明，1985～2010年中国粮食生产的技术进步速度年均为0.76%，技术进步对粮食生产的贡献率达到51.70%。农业部原副部长、中国农科院院长李家洋院士也指出，2014年中国粮食生产实现“11连增”，其中农业科技贡献巨大，农业技术进步贡献率达到56%①。

那么，技术进步对我国粮食增产的贡献程度到底是多少呢？在中国过去十几年的粮食持续增产中，技术进步到底发挥了多大的作用？本章将在综合考虑结构调整、要素投入变动等因素的基础上，重新测算技术进步对我国粮食生产发展的影响，并对相关问题进行更加深入的分析和讨论。

---

① 参见《经济日报》报道（http://www.ce.cn/xwzx/gnsz/gdxw/201501/27/t20150127_4439461.shtml）。

5.1 技术进步贡献率测度的思路和方法

5.1.1 技术进步贡献率测度的基本思路

根据本书第2章2.3.3的相关综述，可以使用不同的方法来分析和测算技术进步对农业和粮食生产的影响及贡献程度。传统的基于非前沿的“索洛余值法”是以农业总产值增长率扣除要素投入变化所导致的总产值增长率的余额作为农业技术进步率的衡量。这种方法所计算出来的全要素生产率包含了除投入要素以外其他所有的因素，其中一部分可能是技术进步的作用，但另一部分则可能是技术效率变化或其他随机因素的作用，比如天气等自然因素等。因此，“索洛余值法”计算出的技术进步的贡献其实是广义技术进步和随机因素的影响之和。

相比非前沿方法，前沿方法由于考虑了技术非效率等问题，因而在分析TFP和技术进步的作用时逻辑上显得更为合理。目前采用前沿方法测算技术进步贡献率和技术效率的方法主要包括两种类型：基于随机前沿生产函数模型（SFA）的参数方法与基于数据包络分析（DEA）的非参数方法。参数前沿模型以计量经济方法为主，依赖于函数的设定形式。非参数前沿模型以数学规划方法为主，无须设定函数的具体形式，以数据包络分析（DEA）为基础，获得生产前沿面。Gong和Sickles（1992），Coelli等（2005）的研究均表明，在模型设定合理的情况下，采用计量方法会得到较好的结果。此外，参数前沿模型又可分为确定型参数前沿模型和后来的随机参数前沿模型。其中，随机前沿分析（SFA）方法可以在考虑技术非效率时控制更多的随机因素的影响，因而可以更加合理或相对准确地刻画技术进步的贡献，故在研究中应用较为广泛（李桦等，2011）。

综合以上各方面的考虑，本部分将采用随机前沿生产函数法（SFA）测度技术进步对中国粮食产量的影响和贡献程度。

5.1.2 随机前沿分析的理论模型

根据Aigner等（1977）和Meeusen等（1977）提出的方法，随机前沿分析的函数模型的一般形式可以表示为：

$$y_{it}=f(x_{it},\ t,\ \beta)\times\exp(v_{it}-\mu_{it}) \tag{5-1}$$

其中，i代表地区，t代表时间，f(·)代表生产技术，x_{it}与y_{it}分别表示第i个地区在第t期的要素投入向量和产出向量；β是待估的投入向量参数；μ_{it}表示

产出角度的技术无效率，一般大于或等于 0，衡量的是实际产出 y_{it} 与最大可能产出 $f(x_{it}, t, \beta)$ 之间的差距，则技术效率 TE 可以表示为 $y_{it}/f(x_{it}, t, \beta) = \exp(-\mu_{it})$；$v_{it}$ 代表统计误差或不可控因素，比如天气、自然灾害等所造成的随机误差部分。假定 μ_{it} 和 v_{it} 分别服从截断正态分布和正态分布，即 $\mu_{it} \sim |N(\mu, \sigma_{\mu}^{2})|$ 和 $v_{it} \sim |N(0, \sigma_{\nu}^{2})|$，并且两者相互独立。

技术效率 TE 随时间的变化，用 TEC 来表示，可以记作：

$$TEC_{it} = \partial \ln TE_{it} / \partial t = \partial \ln \exp(-\mu_{it}) / \partial_{t} = -\partial(\mu_{it}) / \partial_{t} \tag{5-2}$$

如果 $TEC_{it} > 0$ 则意味着随着时间的推移技术效率在下滑；反之，如果 $TEC_{it} < 0$ 则意味着随着时间推移技术效率在改善。

进一步地，将式（5-1）两边取自然对数可以得到：

$$\ln y_{it} = \ln f(x_{it}, t, \beta) + v_{it} - \mu_{it} \tag{5-3}$$

从式（5-3）出发，按照 Malmquist 生产率指数①方法的原理，全要素生产率的变动（TFPC）可以被分解为生产前沿面移动所导致的技术变动和技术效率变动两个部分，则：

$$TFPC_{it} = \partial \ln f(x_{it}, t, \beta) / \partial_{t} - \partial \mu_{it} / \partial_{t} \tag{5-4}$$

在上述推导的基础上，广义技术进步（TFPC）对产出增长的贡献可以表示为：

$$\psi_{TFPC} = TFPC_{it} / (\partial \ln y_{it} / \partial_{t}) \tag{5-5}$$

5.2　实证模型、变量与数据说明

5.2.1　计量模型

基于上述理论分析，本部分将采用超越对数（Translog）型的随机前沿生产函数进行实证分析。由于 Translog 生产函数对规模经济和要素替代弹性不施加任何限制条件，且该函数对任意的生产技术基本都能较好地近似，因此其在随机前沿生产函数问题的实证研究中得到普遍应用。在考虑一种产出、四种要素投入的情况下，本书所构建的 Translog 型的随机前沿粮食生产函数的具体形式如下：

$$\ln Y_{it} = \beta_0 + \sum_{j} \beta_j \ln X_{itj} + 1/2 \times (\beta_5 \ln X_{it1} \ln X_{it1} + \beta_6 \ln X_{it2} \ln X_{it2} + \beta_7 \ln X_{it3} \ln X_{it3} + \beta_8 \ln X_{it4} \ln X_{it4}) + \beta_9 \ln X_{it1} \ln X_{it2} + \beta_{10} \ln X_{it1} \ln X_{it3} + \beta_{11} \ln X_{it1} \ln X_{it4} + \beta_{12} \ln X_{it2} \ln X_{it3} +$$

① 参见本书第 7 章 7.2.2 的相关推导及介绍。

$$\beta_{13}\ln X_{it2}\ln X_{it4} + \beta_{14}\ln X_{it3}\ln X_{it4} + \beta_t t + 1/2 \times \beta'_t t^2 + \sum_j \beta_{jt}\ln X_{itj} t + \nu_{it} - u_{it} \quad (5-6)$$

式（5－6）中，Y_{it}表示第 i 个省份 t 时期的粮食总产量；x_{itj}表示第 i 个省份 t 时期第 j 种要素投入量（j = 1，2，3，4），分别代表播种面积、劳动力、机械、化肥；μ_{it}和 v_{it}的定义与式（5－1）相同；公式中同时还加入了各投入要素的二次项、投入要素间的交叉项及时间二次项和时间（t）与投入要素交叉项等部分。

由于随机前沿生产函数模型（SFA）的估计方法一般采用两步估计，其原理为：首先，在忽略技术效率影响因素的前提下估计生产函数和技术效率值；然后，对技术效率的影响因素进行回归分析（Chen et al.，2009）。因此，在上述粮食生产函数的基础上，本书还将进一步对技术效率的影响因素展开分析。与以往研究不同之处在于，本书着重探讨了结构调整对技术效率的影响。原因在于，从技术效率的定义来看，其度量的是实际产出与理论最大（优）产出之间的差距，可以用实际产量与最大（优）可能产量之比来表示。任何在不改变现有技术水平的情况下，可以提高实际产量的途径都可以提高粮食生产的技术效率。如果按照这一逻辑，那么结构调整应该也是影响我国粮食生产效率提高的一个重要因素。本书拟通过如下实证模型分析我国粮食生产效率的影响因素：

$$TE = \alpha_0 + \alpha_i z_i + r \times struc + \varepsilon_i \quad (5-7)$$

式（5－7）的被解释变量分别是上文所计算的各个省份的技术效率（TE）值。解释变量中 struc 表示粮食种植结构调整变量，z_i 为其他解释变量。

5.2.2 变量与数据说明

对于粮食生产函数模型中的各个变量，参考前人的研究（例如，黄金波、周先波，2010；匡远凤，2012；肖洪波、王济民，2012 等），在考虑尽量避免价格因素干扰的基础上，本书选择了较为容易获得实物投入量的四种生产要素作为模型中的投入变量，分别是播种面积、农林牧渔劳动力人数、机械总动力和化肥用量等。考虑到农林牧渔劳动力人数、机械总动力和化肥用量是整个农业部门投入的总量，并不代表粮食生产过程中的实际投入情况，本书借鉴范丽霞（2016）的方法，分别采用两种相关系数对投入变量进行了相应的调整。第一种系数以（农业产值/农林牧渔产值）×（粮食播种面积/农作物总播种面积）计算得到；第二种系数以粮食播种面积/农作物总播种面积计算得到。采用第一种系数乘以农林牧渔业劳动力总人数，折算得到粮食产业劳动力人数；采用第二种系数分别乘以机械总动力和化肥投入量，折算得到粮食生产的机械总动力和化肥投入量。

需要注意的是，采用上述系数调整方法计算粮食生产过程中的各种要素投入量，实际上是假定单位面积的粮食作物与其他农作物的机械和化肥投入量是相等的，并且单位农业产值的农业就业人数在农林牧渔等不同行业中也是相同的，这可能与中国农业发展和粮食生产的实际情况并不完全相符，因而所计算得到要素投入数量也并不一定准确，但考虑到目前并没有其他更好的获得中国粮食生产中各种要素投入实物量的数据渠道和途径，本书只能采用该套数据进行相关分析。

此外，还需要说明的是，本书将采用全国 31 个省份的省际面板数据进行相关分析。由于 2012 年以后国家不再统计全国分省的农林牧渔就业总人数，综合考量不同省份相关投入要素数据的可获性，本书在分析“12 连增”期间我国粮食持续增产的影响因素时最终选择的时间跨度是 2003 ~2012 年。2003 ~2012 年粮食产量和生产的各要素投入变量的描述性统计结果见表 5 –1。

表 5 –1　粮食生产函数模型各变量的描述性统计分析

变量	均值	标准差	最小值	最大值
产量（万吨）	1661. 50	1339. 30	58. 00	5761. 50
播种面积（千公顷）	3430. 07	2644. 26	141. 30	11519. 50
劳动力（万人）	315. 90	250. 44	8. 01	1134. 85
机械（万千瓦）	1744. 97	1793. 73	39. 41	8197. 14
化肥（万吨）	110. 05	92. 07	2. 56	479. 08

资料来源：笔者计算。

在技术效率影响因素模型中，结构调整变量用高产的水稻和玉米的播种面积占粮食总播种面积的比重来表示。此外，考虑到一个地区的粮食生产技术效率会受到当地自然、经济和社会等多种因素的影响，参考前人的研究（例如，亢霞、刘秀梅，2005；黄金波、周先波，2010；张乐、曹静，2013 等），本书选择第一产业比重、人均耕地面积、亩均化肥用量、亩均机械动力、有效灌溉率、灾害比重以及地区虚拟变量等作为控制变量。其中，第一产业占比以某一地区第一产业产值占该地区国民总产值的比重来表示，反映这一地区的社会经济发展水平等因素；人均耕地面积、亩均化肥、亩均机械动力等分别采用农作物总播种面积除以农林牧渔就业总人数、化肥使用总量和农机总动力除以农作物总播种面积计算得到，用以反映当地的资源禀赋状况和农业生产条件；有效灌溉率表示有效灌溉面积占农作物总播种面积的比重、灾害率表示受灾和成灾面积占农作物总播种面积的比重，两者也是用来反映当地的农业生产条件和天气等随机因素的影响；地区虚拟变量则是将我国 31 个省份依次分为华北、东北、东南、华中、西南和西北六大区域①，并选择华北地区作为比较基准设定的。具体的统计结果见表 5－2。

表 5－2　粮食生产技术效率影响因素模型各变量的描述性统计分析

变量	均值	标准差	最小值	最大值
高产作物比重	54.80	22.66	0.00	91.7
灌溉率	0.41	0.17	0.15	1.02
灾害率	0.26	0.15	0.00	0.94
农业比重	0.13	0.06	0.06	0.34
人均耕地面积	4.10	2.73	1.61	17.26
亩均化肥	0.05	0.02	0.02	0.11
亩均机械	0.88	0.49	0.22	2.72

资料来源：笔者计算。

5.3　技术进步对粮食增产的贡献程度分析

5.3.1　粮食生产的随机前沿生产函数估计结果

根据式（5－6）实证模型以及相关数据，基于 Stata 13.0 软件，采用极大似然估计法得到生产函数的回归结果如表 5－3 所示。面板数据随机前沿生产函数假设生产效率分为随时间变化和不随时间变化两种形式，由于本书时间跨度较大，所以假设生产效率随时间变化而变化。表 5－3 的结果显示 gamma 的值为 0.94，表明效率损失的方差占到方程总体方差的比重为 0.94，并且在 1% 置信水平上显著，这表明不可忽略效率损失在生产函数中的作用。

表 5－3　粮食生产函数模型的回归结果

变量	系数	变量	系数
ln 面积	2.205*** （0.671）	ln 劳动 × ln 化肥	0.038 （0.0869）

① 区域的划分方式参见本书第 4 章 4.2.2 的具体说明。

续表

变量	系数	变量	系数
ln 劳动	0.496 (0.405)	ln 劳动×时间	-0.009 (0.00678)
ln 机械	-0.857** (0.374)	ln 机械×ln 机械	0.036 (0.0966)
ln 化肥	-1.107* (0.604)	ln 机械×ln 化肥	-0.079 (0.0854)
时间	0.0504* (0.0292)	ln 机械×时间	0.007 (0.00547)
ln 面积×ln 面积	-0.471** (0.219)	ln 化肥×ln 化肥	-0.234 (0.162)
ln 面积×ln 劳动	-0.0623 (0.130)	ln 化肥×时间	0.013** (0.00586)
ln 面积×ln 机械	0.154 (0.0958)	时间×时间	-0.001 (0.000948)
ln 面积×ln 化肥	0.340** (0.144)	常数项	-0.711 (0.000961)
ln 面积×时间	-0.0126 (0.00962)	Sigma_ u 平方	0.036 (0.016)
ln 劳动×ln 劳动	0.0441 (0.123)	Sigma_ v 平方	0.002 (0.0002)
ln 劳动×ln 机械	-0.0476 (0.0560)	gamma	0.940 (0.025)

注：***、**、*分别代表在1%、5%和10%的水平下显著，括号内为标准误差。

资料来源：笔者计算。

由于本书所选择的是超越对数随机前沿生产函数，包括了投入要素的平方项以及各投入要素的交叉项，因此，不能简单地根据单个要素的回归系数来说明其对产出的影响，必须通过各投入要素的产出弹性来进行判断。从式（5-8）出发，各种投入要素的产出弹性的计算公式可以分别表述如下：

播种面积的产出弹性：

$$\beta_1 + \beta_5 \ln X_{it1} + \beta_9 \ln X_{it2} + \beta_{10} \ln X_{it3} + \beta_{11} \ln X_{it4} \tag{5-8}$$

劳动投入的产出弹性：

$$\beta_2+\beta_6\ln X_{it2}+\beta_9\ln X_{it1}+\beta_{12}\ln X_{it3}+\beta_{13}\ln X_{it4} \tag{5-9}$$

机械投入的产出弹性：

$$\beta_3+\beta_7\ln X_{it3}+\beta_{10}\ln X_{it1}+\beta_{12}\ln X_{it2}+\beta_{14}\ln X_{it4} \tag{5-10}$$

化肥投入的产出弹性：

$$\beta_4+\beta_8\ln X_{it4}+\beta_{11}\ln X_{it1}+\beta_{13}\ln X_{it2}+\beta_{14}\ln X_{it3} \tag{5-11}$$

基于上述公式，表5－4给出了我国粮食生产过程中各种投入要素的产出弹性的计算结果。从中可以看出，各投入变量的产出弹性的均值都是正数，表明增加任何一个要素投入均能提高粮食产量。

表5－4　粮食生产函数各投入变量的产出弹性估计

变量	面积	劳动力	机械	化肥
弹性	0.75	0.07	0.02	0.18

资料来源：笔者计算。

具体而言，播种面积的产出弹性最大，达到了0.75，表明在给定的技术条件下，保持其他要素投入不变，播种面积额外增加1%，我国粮食产量将增加0.75%。这一估计结果与许庆等（2011）利用全国5省100个村庄1049个农户的微观数据计算的结果相似。在该文中，他们的计算结果显示土地的产出弹性均在0.7以上。这一定程度上反映出我国目前阶段的土地要素对于粮食生产和确保粮食产量增长具有特殊的重要性。

此外，在四种投入要素中，化肥投入的产出弹性为0.18，排在第二位，表明在给定的技术条件下，保持其他要素投入不变，化肥投入量额外增加1%，粮食产量将增加0.18%。值得注意的是，劳动力和机械投入的产出弹性尽管也为正，但是数值较小，分别只有0.07与0.02，表明在给定的技术条件下，保持其他要素投入不变，增加这两个投入要素对产量增长的贡献相对较小。劳动的产出弹性较小可能主要与我国农业人多地少的资源禀赋特征有关。由于中国农业人均占有耕地面积和农户户均经营面积较小，单位土地上的劳动投入相对处于“过密化”的状态，部分剩余劳动力的边际产品近似为零（黄宗智，2007；许庆等，2011）。在这种情况下，如果保持土地等其他要素投入不变，继续追加劳动投入对粮食增产的作用会比较有限。而机械要素的产出弹性较小，可能的原因主要有两个方面：一是农业生产容易受到自然灾害的影响，在春耕和秋收等农忙季节，农户可能同时投入多台机器同时工作，尽快完成播种和收割过程，这可能导致机械过度投入（Guan et al.，2006）；二是由于我国地块面积细小、分散且不规则，农户在不规则的地形上使用机械进行耕种和收割时可能需要投入更多的时间及额外的动力，这也有可能造成机械投入的过度使用。在上述两种情况下，额外地增加机械投入所带来的边际产出可能会很小。

5.3.2　粮食生产技术效率的影响因素分析

表5－5给出了粮食生产技术效率影响因素的估计结果。首先，从本书关注的核心变量——结构调整对技术效率的影响来看，结构调整对技术改善起到显著的正向影响，表明高产作物对低产作物的替代能够改善粮食生产的效率水平。其次，主要控制变量对粮食生产技术效率的影响基本符合理论预期。其中，人均耕地面积、灌溉率显著为正，表明人均耕地面积越高、灌溉率越高，基础设施条件越好，粮食生产的技术效率越高。农业占比越高，其对粮食生产技术效率的负向影响越大。可能的原因在于：第一，农业占比越高的地区，其经济发展水平一般较低，这会对生产技术的研发、推广和使用产生一定的制约作用；第二，农业占比高的地区，劳动者的人力资本一般较低，也会制约新技术的推广与使用。地区变量中，东北与华中地区显著为正，表明相对于华北、东北与华中粮食生产的技术效率越高。

表5－5　粮食生产技术效率的影响因素分析

变量	技术效率（TE）	变量	技术效率（TE）
高产作物比重	0.000656*** (0.000146)	东南（是＝1；否＝0）	0.0647 (0.0589)
灌溉率	0.0230** (0.00998)	华中（是＝1；否＝0）	0.156** (0.0659)
灾害率	－0.00535 (0.00331)	西南（是＝1；否＝0）	0.0841 (0.0588)
农业比重	－0.316*** (0.0296)	西北（是＝1；否＝0）	－0.0135 (0.0617)
人均耕地面积	0.00429*** (0.000820)	常数项	0.659*** (0.0427)
亩均化肥	0.0649 (0.0871)	样本量	310
亩均机械	－8.55e－05 (0.00325)		
东北（是＝1；否＝0）	0.141** (0.0659)		

注：***、**、*分别代表在1%、5%和10%的水平下显著，括号内为标准误差。

资料来源：笔者计算。

5.3.3 技术进步对粮食增产的贡献程度分析

前一部分的实证分析结果表明，在给定的技术水平下，保持其他要素投入不变，播种面积、机械、化肥和劳动力等要素各自投入的增加均能够起到促进我国粮食产量增长的作用。然而，在过去十多年的粮食生产过程中，一方面，我国粮食生产的要素投入发生了变化；另一方面，技术进步可能同时也在发生改变。那么，要素投入、技术进步对粮食产量增长的具体贡献程度到底各自是多少呢？本部分将对此进行深入的分析和讨论。

根据式（5 -4）与式（5 -5）可以计算 TFP 对我国粮食增产的影响和贡献程度，表 5 -6 给出了具体的计算结果。分年份来看，不同的部分对粮食产量增长的影响与贡献率在年际间存在一定的波动。比如在 2003 ~2004 年，TFP 的贡献率仅为 5.71%，但在 2005 ~2006 年及 2008 ~2009 年则超过了 30%。这背后的主要原因在于，2003 ~2012 年 TFP 的实际增值其实在各年间相差不大，但是由于 2003 ~2004 年粮食的增长率较高，导致相除后 TFP 的贡献率相对较低。一般而言，粮食产量增长率越高的年份，相应的 TFP 贡献率越低。

表 5 -6 技术进步对粮食增产的影响及贡献程度 单位：%

年份	产出	投入		TFP	
	增长率	增长率	贡献率	增长率	贡献率
2004/2003	6.75	6.37	94.29	0.39	5.71
2005/2004	2.62	2.28	86.96	0.34	13.04
2006/2005	0.96	0.64	66.89	0.32	33.11
2007/2006	1.47	1.09	74.22	0.38	25.78
2008/2007	4.77	4.43	92.91	0.34	7.09
2009/2008	0.87	0.59	68.68	0.27	31.32
2010/2009	1.69	1.43	84.49	0.26	15.51
2011/2010	3.36	3.05	90.64	0.31	9.36
2012/2011	2.94	2.67	90.56	0.28	9.44
平均值	2.83	2.51	83.30	0.32	16.70

注：①表中相邻两年的各项指标的计算分别是以前一年为基期、后一年为报告期计算的结果；②“平均值”则是以 2003 年为基期、2012 年为报告期计算的整体增长率和贡献率。

资料来源：笔者计算。

表 5 -6 的结果表明，总体来看，在 2003 ~2012 年所有的年份中粮食增产主要依靠要素投入增加，这与以往的研究发现基本保持一致（黄金波等，2010；范

丽霞，2016）。具体而言，要素投入对相邻两年我国粮食增产的贡献率在绝大多数年份中均在80% ~90%，贡献率的均值达到83.3%；技术进步（TFP）对粮食增产贡献率的年际间均值为16.7%。

5.4 本章小结

基于2003 ~2012年中国粮食生产的相关数据，在综合考虑结构调整、要素投入变动等因素的基础上，本章采用随机前沿生产函数方法重新测算了技术进步对我国粮食产量变动的影响。本章测度的结果表明，中国过去十多年来粮食增产仍然高度依赖于要素投入的推动，要素投入增加对粮食增产的贡献作用在多数年份都超过了80%，年平均贡献率达到了83.3%；相反，技术进步对粮食增产的贡献作用则有待进一步提高。尽管在部分年份技术进步对全国粮食产量增长的贡献率超过30%，但是平均而言，技术进步对过去十多年来粮食增产的贡献率只有16.7%。

进一步地，对我国粮食生产的技术效率的影响因素的分析表明，粮食种植结构调整是影响我国粮食生产效率的一个重要因素，高产的水稻和玉米等作物种植比例的提高在一定程度上起到了改善我国粮食生产效率的作用。

第6章 结构调整对粮食生产成本与国际竞争力的影响分析

在开放的条件下，保障粮食安全除了需要关注粮食产量，更应当关注粮食的生产成本和国际竞争力。在资源约束和食物消费结构转型等多种因素的推动下，为尽可能实现粮食高产的目标，通过粮食价格支持政策等一系列政策手段的引导与推动，我国粮食生产结构发生了很大变化。这种结构调整可以在既定的播种面积和单产水平下，通过充分挖掘“单产差”来实现粮食总产量的增加。尽管本书第4章的测算结果已经表明粮食结构调整确实促进了中国粮食增产，但这种调整能否同时起到节约粮食生产成本、提高国际竞争力的作用呢？本章将结合相关数据和方法，分别从国内不同粮食作物生产成本收益情况比较、中国与美国成本与价格竞争力比较等角度，来深入分析和讨论上述问题。

6.1 主要粮食作物生产成本的变动分析

6.1.1 粮食生产成本统计指标与数据说明

在分析生产成本之前，首先有必要区分会计成本和经济成本的概念。所谓会计成本主要是指显性成本，包括为生产过程中所发生的一切账面上的货币支出，例如，农业生产中购买种子、化肥、农药、机械等生产资料以及雇佣劳动或租用土地等所发生的各项费用和支出等。而所谓经济成本则是显性成本与隐性成本之和（贾兴梅，2014）。隐性成本一般采用机会成本来表示，例如农业生产中的家庭自有劳动投入和土地投入便都属于隐性成本的范畴。

另外，在进行农产品生产成本分析时，最难的是数据的可获性和统计口径问题（Brierley 等，2001；Langrell 等，2012；Ronzon 等，2014）。不同的国家由于生产方式、统计制度及会计和财务核算关注点的差异，农产品生产成本核算的体系及指标口径的范围也会存在较大的差别①。中国开展系统性的农产品成本调查与核算工作始于 1953 年，并从 1962 年起开始实施全国性的农产品成本收益年度调查至今（唐茂华、黄少安，2011）。在此期间，由于社会经济条件的变化及对农产品成本收益核算方法认识程度的深入，我国农产品成本收益核算的指标体系经历过数次调整②。目前采用的是 2004 年调整、2005 年开始实施的农产品成本核算体系。相比以往，该体系首次将土地成本纳入成本核算范围，并将总成本划分为生产成本和土地成本两个部分，同时增设了雇工费用、家庭用工折价等指标，对人工成本和土地成本中的显性成本和隐性成本部分都进行了科学核算③。上述全国性农产品成本收益调查的结果经过数据归类和处理，最终分品种以具体的成本与收益条目的全国平均值和分省平均值的形式每年通过出版《全国农产品成本收益资料汇编》（以下简称“农本资料”）面向社会公布。

本部分将采用农本资料提供的 2004 ~ 2014 年的数据来分析中国主要粮食作物生产成本的构成和变化情况。同时，为简化分析，我们对农本资料中关于生产成本的部分条目进行了归类加总，具体如下：①人工成本 = 家庭用工折价 + 雇工费用；②土地成本 = 流转地租金 + 自营地折租；③机械费 = 机械作业费 + 燃料动力费 + 排管费 + 2/3 × 固定资产折旧，具体说明参见郑旭媛、徐志刚（2017）；④肥料费 = 化肥费 + 农家肥费；⑤其他成本 = 总成本 − 人工成本 − 土地成本 − 机械成本 − 肥料成本，主要包含种子费、农药费、农膜费、保险费用、管理费用、税金及其他各类间接费用等。

6.1.2 主要粮食作物生产成本的变化

粮食生产总成本可以包括单位面积总成本和单位产品总成本。根据农本资料提供的相关数据，本书计算整理了 2004 ~ 2014 年中国主要粮食作物每亩平均成本及其构成的变化情况，结果见表 6 − 1。从横向的比较来看，中国主要粮食每亩生产成本从高到低的排序依次是：稻谷、玉米、小麦和大豆。以 2014 年为例，我国这四种粮食作物的亩均生产成本分别达到了 1176. 6 元、1063. 9 元、965. 1 元、667. 3 元。而从纵向的变动情况来看，主要粮食作物生产成本均呈现出快速上涨的趋势。其中，2004 ~ 2007 年四种粮食作物生产成本的增长相对平稳，年均增长速度在 6% 左右；2008 ~ 2012 年粮食生产成本增长加速，尤其是 2008 年、2011 年和 2012 年，四种粮食作物的生产成本的上升速度均超过了 15%；2013 ~

① 有关不同国家农产品生产成本核算体系及统计口径的差别及比较参见附录附表 15。

② 有关农产品成本收益核算的指标体系的历史演进过程的讨论，参见唐茂华、黄少安（2011）及贾兴梅（2014）。

③ 详细的调整说明参见《全国农产品成本收益资料汇编（2005）》附录的指标解释。

表 6-1　主要粮食作物生产成本及其构成的变化（2004～2014 年）

单位：元/亩

年份	稻谷						小麦					
	总成本	土地成本	人工成本	机械费	肥料费	其他	总成本	土地成本	人工成本	机械费	肥料费	其他
2004	454.6	57.0	171.4	56.8	81.0	88.5	355.9	43.8	111.8	63.2	77.8	59.3
2005	493.3	66.3	184.5	64.9	93.3	84.3	389.6	51.9	121.3	69.6	96.4	50.4
2006	518.2	76.7	186.3	76.1	91.7	87.4	404.8	54.6	119.6	81.0	100.3	49.2
2007	555.2	84.9	194.4	86.2	96.0	93.7	438.6	68.9	124.7	91.9	102.2	50.9
2008	665.1	109.0	214.7	106.0	132.0	103.5	498.6	86.7	133.2	103.5	119.1	56.2
2009	683.1	122.5	226.8	114.5	116.1	103.2	567.0	103.9	145.6	111.8	144.0	61.7
2010	766.6	141.4	266.6	130.2	115.0	113.5	618.6	121.5	178.8	119.9	128.3	70.1
2011	897.0	159.7	328.0	154.1	132.1	123.2	712.3	129.3	225.7	138.7	141.0	77.7
2012	1055.1	175.0	426.6	176.4	142.0	135.1	830.4	142.4	291.4	144.1	167.1	85.5
2013	1151.1	193.3	489.3	191.5	139.0	138.0	914.7	153.9	343.8	155.0	170.2	91.8
2014	1176.6	206.1	500.7	199.4	128.6	141.8	965.1	181.3	364.8	164.2	159.1	95.7

年份	玉米						大豆					
	总成本	土地成本	人工成本	机械费	肥料费	其他	总成本	土地成本	人工成本	机械费	肥料费	其他
2004	375.7	61.4	140.5	31.9	85.3	56.6	253.1	62.1	74.2	29.9	31.5	55.3
2005	392.3	67.8	148.4	34.8	90.3	51.0	270.5	75.2	81.5	32.4	37.7	43.7
2006	411.8	73.5	149.9	42.7	95.0	50.7	267.5	76.0	81.9	35.1	37.0	37.7
2007	449.7	91.2	159.8	48.7	97.1	52.9	291.8	87.3	87.7	37.5	39.2	40.1
2008	523.5	103.2	177.0	55.0	130.3	58.1	348.0	106.0	88.3	46.8	55.3	51.7
2009	551.1	117.4	192.6	61.6	118.2	61.2	378.2	129.8	103.5	51.1	47.1	46.6
2010	632.6	137.0	235.1	72.3	118.6	69.7	431.2	150.8	115.3	63.2	47.5	54.4
2011	764.2	160.3	295.5	86.3	141.6	80.5	488.8	173.0	136.4	71.0	52.9	55.6
2012	924.2	181.2	398.4	100.9	155.0	88.7	578.2	196.0	177.5	81.1	59.2	64.5
2013	1012.0	197.0	455.4	111.8	154.6	93.3	625.9	220.7	201.0	84.3	55.3	64.6
2014	1063.9	224.4	474.7	129.3	141.7	93.8	667.3	247.7	216.7	83.8	48.1	71.0

资料来源：根据《全国农产品成本收益资料汇编》（历年）数据整理计算。

2014 年我国粮食生产成本增速有所回落，四种粮食作物生产成本增速维持在 7%左右。总体而言，2004～2014 年中国稻谷、小麦、玉米和大豆的生产成本上涨幅度均超过了 1.5 倍，年均增长率也都在 10%以上。

进一步将总生产成本拆分成具体的要素投入来看，我国主要粮食作物生产过程中不同要素投入增长的速度存在较大的差别。其中，土地成本、人工成本和机械费用的上升都非常显著，上涨速度也明显快于总成本的平均增速。2004～2014 年稻谷、小麦、玉米和大豆的土地成本分别增长了近 3 倍，年均增速超过 14%；人工成本分别增长了 2 倍以上，年均增速超过 11%；机械费用的增长在 2.5～4.0 倍，年均增长率也都超过了 10%。相比而言，肥料费和其他费用投入的增长速度和幅度则较小，2004～2014 年增长的幅度基本都超过了 50%，年均增长速度则维持在 5%左右。

6.1.3　主要粮食作物生产成本结构的变化

上述不同要素投入成本上升速度的差异，直接导致我国主要粮食作物生产的成本结构发生了较大的改变。图 6－1 进一步给出了中国主要粮食作物各项生产

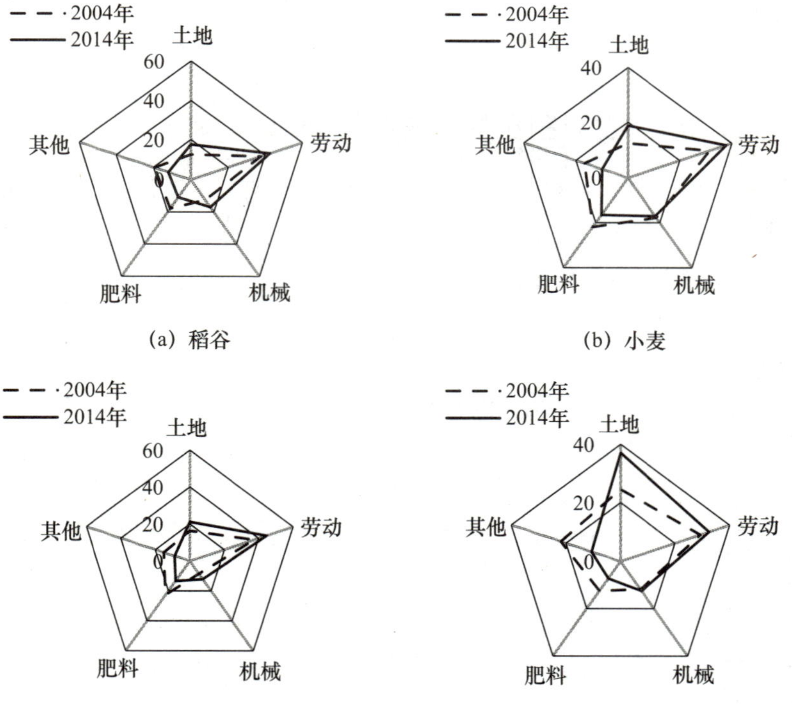

(a) 稻谷　(b) 小麦　(c) 玉米　(d) 大豆

图 6－1　主要粮食作物生产成本份额的变化（2004～2014）

注：图中数字分别为不同类型的要素投入成本占总成本的比重乘以 100 后得到。

资料来源：根据《全国农产品成本收益资料汇编》（历年）数据整理计算。

成本占比在2004~2014年的变动情况。从中不难发现，过去十多年来稻谷、小麦、玉米、大豆生产过程中人工成本和土地成本占总成本的比重始终位居所有要素投入的前两位，成为我国粮食生产成本的主要组成部分，并且随着时间的推移，二者在粮食生产总成本中的占比仍在不断提高。2004年我国稻谷、小麦、玉米、大豆每亩人工成本与土地成本合计分别占到总生产成本的50.2%、43.7%、53.7%和53.9%；而到了2014年这一组数字分别增加至60.1%、56.6%、65.7%和69.6%。与之相反，主要粮食作物生产过程中肥料费和其他费用投入的占比则出现了明显的下降。其中，稻谷两者合计的占比降低了14个百分点，小麦降低了12个百分点，而玉米、大豆则分别减少了近16个百分点。总体而言，粮食生产成本结构的变化表明，人工成本和土地成本的快速上涨已经成为推动我国粮食作物生产成本增长的最主要因素。

6.2 结构调整对粮食生产成本与国际竞争力的影响

6.2.1 结构调整对粮食生产成本的影响

本部分尝试在对结构调整的动因进行分析的基础上，通过比较不同粮食作物生产成本收益来讨论结构调整对我国粮食生产成本所造成的影响。考虑到过去十多年来中国粮食种植结构调整的最显著特征是大幅调增玉米、调减大豆、小麦和其他粮食作物，本部分在探讨相关问题时也将以玉米、大豆和小麦三种作物作为主要的研究和比较对象。

农户是农村和农业结构调整的行动主体，宏观层面上的粮食结构调整实际上反映的是众多微观层面上农户的资源配置选择行为发生改变的结果。而根据生产者行为理论的一般观点，粮食种植结构调整可被视为一项生产决策，农户决策目标是实现边际收益均等条件下的收益最大化，因此，农户会根据利润最大化调整其种植结构。

从中国的实际情况来看，2004~2014年我国玉米的相对高收益是解释过去十多年玉米播种面积持续扩大、粮食种植结构发生较大变化的主要原因。这一观点可以通过表6-2中的主要粮食作物利润数据予以验证。通过观察和比较玉米、大豆、小麦的亩均利润数据可以发现，2004~2014年种植主要的粮食品种均可以为农民带来正收益，但在绝大部分年份中，种植玉米的亩均利润明显高于大豆与小麦。从亩均利润绝对值的变动趋势看，我国玉米、大豆、小麦的亩均利润以

1～2 年为周期呈现蛛网型波动态势，但相对于其他两种产品，玉米的亩均利润明显表现出在波动中上升的趋势，而其他两种产品波动中的增减趋势则并不明显。因此，从亩均利润绝对值角度可以判断，对农户而言同一亩地种植玉米比种植大豆和小麦可以获得更多的收益。

通过比较玉米与小麦、大豆的相对利润差及利润率也可以得出相同的结论。表 6－2 的数据表明，玉米相对于大豆的亩均利润优势总体呈现扩大态势，相对利润年均提高 42%；玉米相对于小麦的亩均利润优势时有波动，虽然近两年受国家收储政策改革的影响，玉米相对利润差有所下滑，但是之前的近十年基本保持了扩大态势。以比值计算的相对利润率也显现了同样的趋势。可见，2004～2014 年，每亩玉米种植收益高于小麦、大豆。在耕地资源约束下，农户为追求利润最大化，会选择增加玉米的播种面积而减少大豆等粮食作物的播种面积，这是中国粮食种植结构调整的微观动因。

表 6－2　主要粮食作物亩均利润及相对利润（2004～2014 年）　　单位：元

年份	亩均利润			相对利润（差值）		相对利润（比值）	
	玉米	小麦	大豆	玉米－小麦	玉米－大豆	玉米/小麦	玉米/大豆
2004	116	150	114	－34	2	0.77	1.02
2005	76	59	68	17	8	1.28	1.12
2006	121	96	54	25	67	1.26	2.26
2007	168	97	152	71	16	1.73	1.11
2008	121	126	145	－4	－24	0.97	0.84
2009	135	116	84	20	51	1.17	1.60
2010	183	97	121	86	62	1.89	1.51
2011	192	78	88	114	104	2.45	2.19
2012	134	－1	91	135	43	n. a	1.48
2013	173	87	98	86	75	1.99	1.76
2014	41	50	－28	－10	69	0.81	－1.46

资料来源：根据《全国农产品成本收益资料汇编》（历年）数据整理计算。

进一步结合表 6－3 的数据来看，亩均利润的高低取决于单位质量的价格与成本的差额以及每亩产量水平。农户种植玉米之所以能获得相对较高的回报率，主要的原因在于玉米的售价增速较快以及玉米的相对高单产。具体而言，首先，由玉米和大豆的比较可以看出，尽管就每千克的出售价格而言，玉米比大豆低了约一半，但由于在亩产方面前者是后者的近 3 倍，故玉米的收益仍然显著高于大豆，并且两者的收益差距随着相对价格的走高还在持续扩大；其次，比较玉米和小麦可以发现，虽然玉米与小麦每单位的价格差距不大，但两者相对价格呈上升趋势，且在亩产上玉米也要高出小麦两成左右，因而相对于小麦，农户种植玉米的收益更高。概言之，相对于小麦和大豆，2004～2014 年玉米相对价格的稳步提升及其相对高产的特性，使得农户种植玉米更加有利可图，因而导致农户在配置土地资源时更倾向于增加玉米的生产份额而减少小麦和大豆的种植比例。

表 6－3　主要粮食作物相对价格、相对产量（2004～2014 年）

品种	项目	2004 年	2005 年	2006 年	2007 年	2008 年	2009 年	2010 年	2011 年	2012 年	2013 年	2014 年
玉米/小麦	相对价格	0.78	0.80	0.89	0.99	0.88	0.89	0.95	1.02	1.03	0.92	0.93
	相对产量	1.25	1.30	1.20	1.17	1.18	1.14	1.22	1.21	1.29	1.30	1.17
玉米/大豆	相对价格	0.41	0.43	0.50	0.36	0.39	0.45	0.48	0.52	0.47	0.46	0.51
	相对产量	3.25	3.20	3.30	3.84	3.27	3.34	3.06	3.23	3.36	3.54	3.48

资料来源：根据《全国农产品成本收益资料汇编》（历年）数据整理计算。

然而，尽管上述调增玉米、调减大豆和小麦的种植结构调整能给农户家庭带来更高的粮食生产收益和利润，但这并不意味着粮食生产成本一定是低廉的。事实上，在“高投入、高产出”的情况下，只要产出与成本之间的差额即利润可观，那么农户也极有可能愿意支付更高的成本而生产收益更高的粮食作物。而粮食生产总成本不仅取决于每种作物的生产成本，也取决于不同作物的种植结构。考虑到土地资源等约束，如果生产中调增的粮食品种相对成本上升速度较快，而调减的粮食品种相对成本上升速度较慢，则粮食生产的总成本将会呈现不断上升态势。因此，有必要首先检视粮食生产是否表现出了“高产出、高成本”的问题。

表 6－4 给出了我国玉米、小麦、大豆单位产品的生产成本及相对成本的比较和变化情况。从单位产品成本的绝对值来看，虽然玉米每千克的生产成本只占大豆的不到 50%，也略低于小麦，但由于玉米的每亩单产较高，其亩均成本仍然高于大豆和小麦，表现为玉米/小麦以及玉米/大豆的亩均相对成本均大于 1，这在一定程度上印证了玉米高利润的获得其实是伴随着高成本的。而从单位产品成本的变动趋势来看，玉米也是相对成本上升较快的品种：首先，玉米的单位产品成本的年均增速最快，达到了 6.1%，与大豆基本持平，明显高于小麦每年 4.9% 的增长速度；其次，通过对单位质量相对成本的观察可以发现，相对于大豆，玉米单位质量成本基本保持不变，而相对于小麦，玉米成本有所上升，年均增长率为 1% 左右；相对亩均成本的数据也同样表明玉米的成本增速高于小麦与

大豆。由此可以得出，对农户而言收益更高且收益增速更快的玉米，同时也是单位产品生产成本相对更高且增速更快的品种，玉米生产的高回报其实是以高投入为代价的。

表6-4 主要粮食作物每千克成本及相对成本（2004~2014年）

单位：元,%

年份	每千克成本			每千克相对成本	每亩相对产量	亩均相对成本	每千克相对成本	每亩相对产量	亩均相对成本
	玉米	小麦	大豆	玉米/小麦			玉米/大豆		
2004	0.89	1.05	1.94	0.85	1.25	1.06	0.46	3.25	1.48
2005	0.91	1.17	2.01	0.78	1.30	1.01	0.45	3.20	1.45
2006	0.94	1.11	2.02	0.85	1.20	1.02	0.47	3.30	1.54
2007	0.98	1.13	2.45	0.87	1.17	1.03	0.40	3.84	1.54
2008	1.00	1.12	2.17	0.89	1.18	1.05	0.46	3.27	1.50
2009	1.13	1.32	2.58	0.85	1.14	0.97	0.44	3.34	1.46
2010	1.19	1.42	2.48	0.84	1.22	1.02	0.48	3.06	1.47
2011	1.31	1.48	2.69	0.88	1.21	1.07	0.48	3.23	1.56
2012	1.48	1.71	3.10	0.86	1.29	1.11	0.48	3.36	1.60
2013	1.59	1.87	3.47	0.85	1.30	1.11	0.46	3.54	1.62
2014	1.60	1.69	3.49	0.94	1.17	1.10	0.46	3.48	1.59
增长率	6.1	4.9	6.0	1.1	-0.7	0.4	0.0	0.7	0.7

资料来源：根据《全国农产品成本收益资料汇编》（历年）数据整理计算。

虽然从微观农户的角度来看，粮食种植结构调整是利润驱动型的，用高产的玉米替代低产的小麦和大豆，不仅符合国家对粮食高产目标的追求，客观上也暗含着农户利润最大化的满足；但这种调节实际上是向单位产品生产成本上升相对较快的品种调整，会导致我国粮食生产总成本的上升。在封闭的条件下，这种粮食生产成本的上升有可能并不会对国内的粮食生产和供求平衡产生很大的影响；但在开放的条件下，由于面对国际市场上替代产品的竞争压力，国内粮食生产成本的上升将会深刻影响我国粮食的国际竞争力和粮食进口，并最终通过价格传递机制影响国内粮食的生产、消费和流通等各个环节。这说明仅仅认识到结构调整会推动我国粮食生产平均成本更快速的上升还不够，需要进一步将分析延伸到粮食产品国际竞争力的比较上。因此，以下将通过对比本国与世界其他国家主要粮食产品的比较优势状况，着重分析结构调整对我国粮食国际竞争力的影响。

6.2.2 结构调整对粮食国际竞争力的影响

一国某产品的国际竞争力不仅可以通过价格优势来反映，也可以通过成本优势来体现，成本优势很大程度上决定了价格优势，但两者并不完全等同。结构调整对我国玉米、大豆及小麦价格竞争力及成本竞争力的影响如何呢？本部分将通过对比中国和美国主要粮食产品价格竞争力和成本竞争力的变动情况，全面揭示结构调整对我国粮食产品国际竞争力的影响。之所以选取美国作为参照与比较的对象，主要是基于两方面原因的考虑：一是粮食生成成本、收益和价格数据的可获性。与中国的做法类似，美国农业部经济研究局（USDA - ERS）每年都会采集和公布农户主要农产品生产的较为详细的成本和收益的核算数据，尽管在数据核算体系和统计指标的口径上存在一些差别，但总体而言两国主要粮食产品生产的成本和收益的数据是可比的（乔娟，2004；庞守林等，2005），这为进行国际比较提供了可能。二是美国目前是世界上最大的玉米、大豆生产国和出口国，也是世界上主要的小麦生产及出口国，其在玉米、大豆及小麦生产及贸易中的竞争力和地位毋庸置疑，因而选择美国作为衡量中国粮食产品国际竞争力的参考系是相对合理准确的。

首先，通过对比中美两国主要粮食产品的生产者价格，可以清楚地发现，两国在粮食产品价格竞争力方面存在较大的差距。如图 6 - 2 所示，2004 ~ 2014 年，中国国内玉米、大豆、小麦的每千克价格均高于美国。以 2014 年为例，美国大豆、小麦的价格约等于中国国内价格的 60%，而美国玉米价格则仅相当于中国国内玉米价格的 40% 左右。这表明，相对于大豆和小麦，美国玉米对中国玉米的价格优势更为明显。

其次，从中美两国三种粮食作物生产者价格的变动趋势来看，中国主要粮食产品的国内价格呈现显著上升趋势，而美国主要粮食产品的价格基本保持稳定。2004 ~ 2014 年中国玉米、大豆、小麦价格的年均增长率分别为 3.8%、1.6% 和 2%；同期美国这三种粮食作物的价格分别以 -0.1%、0.9%、1.0% 的年均增长率变动。在这种情况下，与中国相比，美国玉米、大豆、小麦的相对价格不断走低，其中，大豆、小麦的价格相对于中国价格按照每年不足 1% 的速度在下降；而玉米价格却以每年 3.8% 的速度下降。这表明，从价格的角度来看，中国的玉米、小麦和大豆等主要粮食作物相对于美国不仅没有价格竞争优势，而且竞争劣势还会变得越来越明显；与此同时，相比于小麦与大豆，中国在玉米上的价格劣势更为严重且程度还在继续加深。据此可以认为，玉米相对来说是中国国际价格竞争力更弱的粮食品种，国内调增玉米的结构调整实际上是在往我国更不具有价格竞争优势的方向上调整。

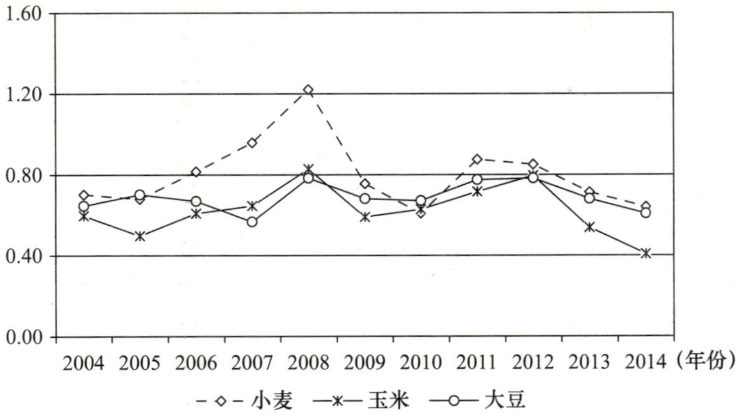

图6－2　美国/中国主要粮食作物每千克相对价格（2004～2014年）

资料来源：中国粮食成本、价格和利润的数据来源于《全国农产品成本收益资料汇编》（历年），美国价格的数据来源于美国农业部USDA－ERS网站（https：//www. ers. usda. gov/data－products/commodity－costs－ and－returns/），人民币对美元的年度平均汇率数据来源于OECD网站（https：//data. oecd. org/conversion/ exchange－rates. htm）。

再次，从成本竞争力角度的角度来看，调增玉米，调减大豆、小麦同样也会加剧我国粮食生产的成本竞争力劣势。如图6－3所示，美国玉米与大豆单位产品生产成本均明显低于中国，2014年两者分别仅相当于中国玉米和大豆单位产品生产成本的49%和51%。但美国生产小麦的成本相对较高，一些年份甚至高

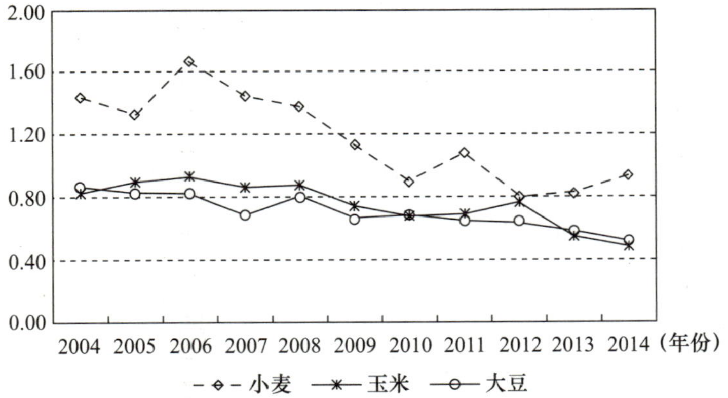

图6－3　美国/中国主要粮食作物每千克相对成本（2004～2014年）

资料来源：中国粮食成本的数据来源于《全国农产品成本收益资料汇编》（历年），美国粮食成本数据来源于美国农业部USDA－ERS网站（https：//www. ers. usda. gov/data－products/commodity－costs－ and－returns/），人民币对美元的年度平均汇率数据来源于OECD网站（https：//data. oecd. org/conversion/ exchange－rates. htm）。

于中国小麦的单位产品生产成本。由此可以看出，相比于小麦甚至大豆，美国玉米对中国的成本优势更为明显。进一步地，从中美两国粮食产品相对成本的变动趋势看，2004～2014年期间，受国内劳动力价格、生产要素价格上升等因素的影响，中国粮食生产成本持续走高，年均增长率均超过5%；相比之下，美国粮食生产成本却以每年0.5%～0.6%的速度增长，成本优势愈加明显。中美两国主要粮食产品相对成本的变动趋势也说明了这一点：近十年来，相比于中国，美国玉米、大豆及小麦单位产品生产成本每年以5.1%、5.1%和4.2%的速度持续下降。虽然从成本优势的角度，美国的玉米与大豆相对于中国具有相当的成本优势，但相比于小麦，玉米的成本优势更为明显。调增玉米、调减小麦对提高我国粮食总体的成本竞争力并不利。

最后，表6-5进一步给出了分别按照国内价格和美国价格所计算的中国每千克玉米、小麦和大豆的利润率。从中可以看出，尽管中国国内小麦、玉米、大豆生产仍能获得正的利润，但如前所述，获利主要源于国内所采取的粮食价格支持政策推动的粮价走高。如果以美国价格重新核算中国粮食产品的利润率，可以发现，三种主粮的利润率已经都是负值，且近些年亏损率已经高于30%；其中，玉米的亏损最为严重，2014年其利润率为-57%，远高于其他两种粮食产品。进一步地，从利润率变动的趋势来看，无论是以中国价格计算还是以美国价格计算的国内粮食生产利润率，近十年来均呈现持续走低的态势。这说明，相比于美国，我国主要粮食产品的价格已经不具有竞争力，且两国粮食产品的价格差距还在逐步拉大。其中，相比于大豆、小麦，中国玉米与美国玉米的相对价格劣势更为明显。这进一步说明，调增玉米对我国粮食产品总体竞争力的提升是不利的。

表6-5　按中国和美国价格计算的每千克主要粮食作物利润率（2004～2014年）

单位:%

年份		2004	2006	2008	2010	2012	2014
小麦	以国内价格	42	24	29	18	0	7
	以美国价格	0	2	57	-28	-15	-31
玉米	以国内价格	31	30	27	34	18	5
	以美国价格	-22	-21	5	-16	-6	-57
大豆	以国内价格	45	21	48	33	20	-6
	以美国价格	-6	-19	16	-11	-6	-43

资料来源：中国粮食成本、价格和利润的数据来源于《全国农产品成本收益资料汇编》（历年），美国价格的数据来源于美国农业部USDA-ERS网站（https：//www.ers.usda.gov/data-products/commodity-costs-and-returns/），人民币对美元的年度平均汇率数据来源于OECD网站（https：//data.oecd.org/conversion/exchange-rates.htm）。

6.3 本章小结

本章在分析中国主要粮食作物生产成本及成本结构变动的基础上，通过对国内主要粮食产品及中美主要粮食产品的生产成本、价格等方面数据的综合比较，探讨了结构调整是否能够起到降低粮食生产成本、提高竞争力的作用。研究结果发现，虽然从微观农户的角度来看，粮食种植结构调整是利润驱动型的，用高产的玉米替代低产的小麦和大豆，符合国家对粮食高产目标的追求，客观上也暗含着农户利润最大化的满足；但这种调节实际上是向单位产品生产成本上升相对较快的品种的方向进行的，会导致我国粮食生产总成本的上升。

进一步地，对中美两国主要粮食产品的生产成本和价格的比较分析也表明，与美国相比，中国的主要粮食产品并不具有成本竞争优势和价格竞争优势，而且这种竞争劣势在玉米上表现得更加明显。这一定程度上表明，过去十多年来中国国内以调增玉米为特征的粮食种植结构调整其实是在朝着国际竞争力更弱的粮食产品的方向进行的。稻谷、玉米等高产作物对大豆、小麦及其他相对低产作物的种植替代，尽管对于提高粮食总产量有利，但却是以更高的成本为代价，并不利于提高我国粮食产品的国际竞争力。

第7章 技术进步对粮食生产成本的影响分析：基于技术进步偏向视角

如第3章分析框架部分所言，技术进步除了可以影响粮食单产和粮食产量以外，可能也会对粮食生产成本带来影响。按照 Hayami 和 Ruttan（1970，1971）所提出的“诱致性技术创新假说”理论的观点，要素禀赋与要素相对价格的变化是诱导农业技术变革的关键因素之一。一般来说，农业生产技术的变革会朝着节约使用相对价格更高的生产要素、采用相对便宜的生产要素替代相对昂贵的生产要素的方向发展。如果技术进步的方向确实如此的话，那么，这样的技术进步便有可能起到节约或者减缓农业生产成本上升压力的作用。

而从中国的实际情况来看，第6章对国内主要粮食产品生产成本变动的分析表明，劳动力成本上升已经成为推动我国粮食生产成本上涨的主要因素。相关数据也显示，2003~2014年期间，中国农业生产要素的价格持续上升，劳动价格增长了4.6倍，化肥价格增长了1.8倍，机械价格增长了1.3倍，劳动价格的上涨速度明显要快于化肥和机械。在这样的背景下，中国的粮食生产的技术进步发展的方向到底如何？是否符合“诱致性技术创新假说”的推论？对中国粮食生产成本的变动又会有何影响？

本章将尝试对上述问题进行回答。具体而言，本章将首先考察我国主要粮食作物要素投入结构变动，从直观上判断技术进步导致的粮食生产要素结构是否朝着减少劳动力投入的方向调整；其次，本章将进一步采用偏向调整的 Malmquist 生产率指数和数据包络分析（DEA）方法来更加准确地定量测度我国粮食生产的技术进步的要素投入偏向，判断粮食生产的技术进步是否为劳动力节约型技术；最后，将进一步讨论我国粮食生产的技术进步偏向对粮食生产成本变动的影响。

7.1 主要粮食作物生产的要素投入结构变动分析

生产要素投入结构的变化被认为是反映技术变革与发展方向的一个关键性指

标（胡瑞法、黄季焜，2001；吴丽丽等，2015）。为了直观反映技术进步对我国粮食生产成本产生影响的机制，并且为后文测算与判定我国粮食生产的技术进步方向提供相关的背景信息，本部分将对我国粮食生产过程中要素投入结构的变动情况展开深入分析。具体而言，稻谷、小麦和玉米三大主粮生产过程中要素投入结构的变动情况如下：

7.1.1　稻谷生产的要素投入结构变化

稻谷是中国重要的口粮作物，全国65%以上人口以稻米为主食，是保障国家粮食安全最关注的粮食品种之一。表7－1给出了2003～2014年中国稻谷生产过程中每亩要素投入结构和投入指数的变动情况。从中可以看出，过去十多年来我国稻谷生产的要素投入结构发生了较大改变。具体而言，稻谷生产的亩均劳动投入下降很快，由2003年的13.1工日/亩下降到2014年的6.9工日/亩，十年间减少了一半以上。与之相反，机械投入显著增长，按照2003年的不变价格计算，每亩的机械投入金额由2003年的48.6元增加到了2014年的153.5元，增长了2.2倍，年均增长率超过10%。肥料投入也略有增加，但基本保持稳定。按照2003年的不变价格计算，除个别年份的波动以外，我国稻谷生产每亩的肥料投入维持在72～73元。而种子、农药、农膜等其他要素投入的变动则呈现出“先减少、后增加”的趋势，按照2003年的不变价格计算，2003～2008年稻谷每亩的其他投入从94.0元减少到65.7元，而2009年以后则有所回升，并增加到了2014年的76元/亩。总体来看，与十年前相比，我国稻谷的其他要素投入金额有所下降，降低的幅度接近20%。

表7－1　稻谷生产的要素投入量与投入指数变化（2003～2014年）

单位：工日/亩；元/亩；%

年份	要素投入量				要素投入指数			
	劳动	肥料	机械	其他	劳动	肥料	机械	其他
2003	13.1	64.8	48.6	94.0	100.0	100.0	100.0	100.0
2004	11.9	71.8	55.5	83.2	90.5	110.8	114.2	88.6
2005	11.4	73.3	62.0	70.4	86.9	113.1	127.6	74.9
2006	10.4	72.0	71.7	71.9	79.2	111.1	147.5	76.5
2007	9.7	72.9	79.9	71.6	73.7	112.5	164.4	76.2
2008	9.1	76.1	90.1	65.7	69.2	117.4	185.4	69.9
2009	8.4	71.4	96.4	67.2	63.7	110.2	198.4	71.5
2010	7.8	71.8	108.1	71.8	59.7	110.8	222.4	76.4

续表

年份	要素投入量				要素投入指数			
	劳动	肥料	机械	其他	劳动	肥料	机械	其他
2011	7.6	72.8	122.4	70.0	58.0	112.3	251.9	74.5
2012	7.2	73.4	137.2	72.8	55.0	113.3	282.3	77.4
2013	6.9	73.5	148.2	73.3	52.4	113.4	304.9	78.0
2014	6.4	72.2	153.5	76.0	49.1	111.4	315.8	80.8

注：①劳动要素的投入量采用每亩用工总量计算，包括雇工数量和家庭用工数量；②肥料、机械和其他要素投入分别是采用相应的支出金额除以肥料价格指数、农机具价格指数和农业生产资料价格总指数得到的2003年不变价格投入；③要素投入指数以2003年为100，其他年份分别按照当年要素投入量占2003年投入量的比例换算得到。

资料来源：根据《全国农产品成本收益资料汇编》（历年）数据整理计算。

7.1.2 小麦生产的要素投入结构变化

小麦是中国重要的粮食作物之一，尤其是北方地区所广泛食用的主要粮食作物，在中国粮食安全中占有非常重要的地位。表7－2所给出的小麦生产的要素投入结构和要素投入指数的数据表明，总体而言，与稻谷相比，中国小麦生产每亩的劳动投入量、机械投入量和其他要素投入量均相对较小，而肥料投入量则大于稻谷生产。进一步地，由表7－2的数据也可以看出，2003～2014年期间我国小麦生产要素投入结构发生了很大的变化：亩均劳动投入明显下降，由2003年的9工日/亩下降到2014年的4.9工日/亩，减少了近50%；亩均种子、农药、农膜等其他要素投入的变化也呈现出“先减少、后增加”的趋势，但总体上下降了近25%；亩均的机械、肥料投入也呈现增长趋势，按照2003年的不变价格计算，每亩机械投入由2003年的52元增加到2014年的126.4元，增长143%；肥料投入则由2003年的65元增加到了2014年的89.3元，增长约40%。

表7－2 小麦生产的要素投入量与投入指数变化（2003～2014年）

单位：工日/亩；元/亩；%

年份	要素投入量				要素投入指数			
	劳动	肥料	机械	其他	劳动	肥料	机械	其他
2003	9.0	65.0	52.0	68.1	100.0	100.0	100.0	100.0
2004	8.1	69.0	61.8	55.8	90.0	106.2	118.8	81.9
2005	7.9	75.7	66.6	42.1	87.8	116.5	128.1	61.7

续表

年份	要素投入量				要素投入指数			
	劳动	肥料	机械	其他	劳动	肥料	机械	其他
2006	7.0	78.7	76.4	40.5	77.8	121.1	146.9	59.4
2007	6.6	77.6	85.2	38.8	73.3	119.4	163.8	57.0
2008	6.1	68.6	87.9	35.7	67.8	105.5	169.0	52.3
2009	5.8	88.6	94.2	40.2	64.4	136.3	181.2	59.0
2010	5.6	80.1	99.7	44.4	62.2	123.2	191.7	65.1
2011	5.6	77.7	110.2	44.2	62.2	119.5	211.9	64.8
2012	5.2	86.3	112.1	46.0	57.8	132.8	215.6	67.6
2013	5.0	90.0	120.0	48.8	55.6	138.5	230.8	71.6
2014	4.9	89.3	126.4	51.3	54.4	137.4	243.1	75.2

注：同表7－1。

资料来源：根据《全国农产品成本收益资料汇编》（历年）数据整理计算。

7.1.3 玉米生产的要素投入结构变化

玉米是中国非常重要的粮食作物，种植面积广泛，过去十多年来我国玉米产量不断攀升，已超过稻谷，成为中国第一大粮食作物。表7－3给出了2003～2014年中国玉米生产过程中每亩要素投入结构和投入指数的变动情况。总的来说，玉米生产的亩均劳动投入量与稻谷生产相当，而高于小麦；机械投入量均低于稻谷和小麦；肥料投入量低于小麦，而高于稻谷；其他要素投入量与小麦相当，而低于稻谷。同时，由表7－3也可以发现，2003～2014年期间中国玉米生产不同要素的投入量的变动非常显著。其中，亩均劳动投入迅速减少，由2003年的11.3工日/亩下降到2014年的6.3工日/亩，减少近50%；机械投入增长迅速，按照2003年不变价格计算，过去十多年来由每亩28.4元增加到了99.5元，增长超过2.5倍；肥料投入略有增加，每亩肥料投入由2003年的71.1元增加到2014年的79.6元，增长12%。玉米生产的种子、农药、农膜等其他要素投入大体上也呈现出“先减少、后增长”，但总体而言是下降的，十几年间减少26%。

综合上述，过去十多年来中国稻谷、小麦和玉米三大主要粮食作物生产均呈现出劳动要素投入数量不断下降、机械要素投入数量迅速提高、化肥和其他要素投入基本稳定或略有升降的趋势。尽管根据上述结果，直观上的感觉是中国粮食生产的技术进步是朝着节约劳动力投入的方向进行调整的，但更加准确地判断显然还有赖于采用定量的方法进行具体测度。

表7－3　玉米生产的要素投入量与投入指数变化（2003～2014年）

单位：工日/亩；元/亩；%

年份	要素投入量				要素投入指数			
	劳动	肥料	机械	其他	劳动	肥料	机械	其他
2003	11.3	71.1	28.4	67.9	100.0	100.0	100.0	100.0
2004	10.0	75.6	31.2	53.3	88.2	106.3	109.8	78.5
2005	9.5	71.0	33.3	42.6	84.0	99.8	117.1	62.7
2006	8.7	74.6	40.2	41.7	76.7	104.9	141.6	61.4
2007	8.3	73.7	45.1	40.4	73.4	103.6	158.9	59.5
2008	7.9	75.1	46.7	36.9	69.9	105.6	164.5	54.3
2009	7.5	72.7	51.9	39.8	66.4	102.3	182.9	58.7
2010	7.3	74.0	60.0	44.1	64.9	104.0	211.4	65.0
2011	7.2	78.0	68.6	45.8	63.5	109.6	241.5	67.4
2012	7.0	80.1	78.5	47.7	61.5	112.6	276.3	70.3
2013	6.6	81.7	86.6	49.5	58.4	114.9	304.8	73.0
2014	6.3	79.6	99.5	50.3	55.8	111.8	350.4	74.0

注：同表7－1。

资料来源：根据《全国农产品成本收益资料汇编》（历年）数据整理计算。

7.2　技术进步方向测度的思路、方法和数据

7.2.1　技术进步偏向测度的基本思路

在测量技术进步偏向之前，首先需要明确两个十分关键的问题：一是测度的依据，即可以通过何种具体的指标来表征技术进步的偏向；二是测度的方法，即可以采用哪些方法来计算或获得表征技术进步偏向的指标以测度技术进步方向。

如第2章2.1.3部分所言，希克斯对技术进步方向的分类思想表明可以根据资本和劳动的边际产出的增长速度的不同来判断技术进步的偏向，即一种要素投入的边际产出增长越快，表明技术进步更偏向于这种要素。同时，需要指出的是，希克斯分类的基础是在保持资本—劳动比不变的情况下来比较两种要素边际产出的增长速度差异的（陆学琴、章上峰，2013）。由微观经济学理论可知，在

完全竞争的条件下，劳动或者资本的单位报酬等于其边际产出，即劳动和资本要素边际产出之比应当等于劳动工资和资本价格之比。而如果资本—劳动比保持不变，那么进一步推导可知，资本和劳动的边际产出之比实际上就应该等同于资本与劳动在要素总投入中所占的份额之比。因此，从希克斯的分类思想中可以总结出测量技术进步方向一般常用的两种思路：一种是考察资本与劳动边际产出之比的变化，另一种是考察资本与劳动的相对份额之比的变化。众多的研究均是基于这两种思路，分别采用要素的边际产出之比的变化或要素的份额之比的变化来构造技术进步偏向指数以测度技术进步方向（雷钦礼，2013）。

具体到如何量化估算要素边际产出之比的变化或要素份额之比的变化，常用的方法包含两种类型，即参数（Parametric）的方法和非参数（Non - parametric）的方法。

参数的方法即构造生产函数的方法。这类方法的关键在于计算不同要素投入之间的替代弹性。比较常用的生产函数形式主要包括：科布—道格拉斯（C - D）生产函数、不变替代弹性（CES）生产函数、可变替代弹性（VES）生产函数、两阶段的不变替代弹性（Two - level CES）生产函数及超越对数（Translog）生产函数等。由于C - D函数中假定要素替代弹性等于1，实际上就已经假定了技术进步是中性的，所以在计量技术进步偏向指数时一般不采用这种生产函数形式。而CES和VES生产函数一般适用于只有两种生产要素的情形。如果生产函数内包含多种要素投入的话，一般则需要采用两阶段的CES或Translong生产函数。例如，Hayami和Ruttan（1970，1971）在以日本和美国为例检验“诱致性技术创新假说”时，为了估计两国农业生产的技术进步方向便采用了两阶段的CES生产函数，考虑了劳动、土地、机械、肥料四种要素投入；Binswanger（1974）则提出了一种基于Translog成本函数、考虑多种要素投入的测度技术进步方向的方法，并以美国农业为例对这种方法进行了应用。此后其他的一些研究，例如Kawagoe等（1986）、陈书章（2013）、Zhu等（2016）分别在参考或改进上述两篇文章研究方法的基础上对另外一些国家或部门的技术进步方向问题进行了讨论。

非参数的方法主要包括DEA - TFP指数分解法等。与参数的方法相比，非参数方法的好处在于无须对生产函数形式进行严格的限制，从而能够避免由于生产函数形式设定偏误而造成的估计结果误差（王俊、胡雍，2015）。同时，与参数的方法在估计要素之间的替代弹性时往往需要已知各种要素投入详细的成本、价格等数据信息不同，非参数的方法对于数据类型和数据样本量的要求并没有那么严格（邓明，2014）。目前已经有部分的文献应用非参数的方法来测度技术进步方向，但主要集中在国外的文献，国内的文献相对较少。在国外的文献中，Briec

和 Peypoch（2007）提出了 Parallel Neutrality 的概念及采用偏向调整的 Luenberger 生产率指数测度技术进步方向的方法；Barros 和 Weber（2009）、Assaf 和 Barros（2011）等采用偏向调整的 Malmquist 指数方法，分别测度了英国航空产业、海湾地区酒店产业的生产效率变化与技术进步方向；Baležentis（2014）也运用这一方法分析与比较了加入欧盟以后立陶宛不同类型的家庭农场生产率的变化及技术进步方向的差别。而在国内的文献中，笔者也注意到了三篇有代表性的文章。王俊、胡雍（2015）采用 Malmquist - TFP 指数分解方法测度了我国 27 个制造行业的技术进步偏向性，验证了中国制造业劳动技能偏向型技术进步的存在性，并进一步揭示了技能偏向型技术进步的内在逻辑与演化机制。付明辉、祁春节（2016）采用 Mamquist - TFP 指数分解方法测算了包含中国在内的 28 个国家农业投入偏向型技术进步指数及其偏向效应，并比较了不同要素禀赋的国家农业技术进步在要素偏向方面的差别。魏金义（2016）也采用相同的方法测算了中国农业技术进步的方向，并分析了其与要素禀赋变化和农业经济增长之间的关系。

本书将采用非参数的方法，基于偏向调整的 Malmquist 指数（Bias - corrected Malmquist Indice），首先分离出中国主要粮食作物生产过程中的要素投入偏向型技术进步，然后再进一步判断不同粮食作物生产过程中的要素节约（Input - saving）或要素使用（Input - using）的方向问题。

7.2.2 偏向调整的 Malmquist 指数方法

Malmquist 指数构造的基础则是距离函数，定义距离函数的基本思想和方法如下：

假定 t 时期存在 k 个决策单元（DMU），每个决策单元（DMU）使用 m 种投入 $x^t=(x_1^t, x_2^t, \cdots, x_m^t)\in R_+^m$，得到 n 种产出 $y^t=(y_1^t, y_2^t, \cdots, y_n^t)\in R_+^n$，其中 $t=1, 2, \cdots, T$ 代表每个时期。生产技术的可用生产可能性集合 T^t 可以表示为：

$$T^t=\{(x^t, y^t)\mid x^t \text{ 能生产出 } y^t\} \tag{7-1}$$

该技术集也可由要素投入需求集来表示：

$$I(y^t)=\{x^t\mid (x^t, y^t)\in T^t\} \tag{7-2}$$

对于任何一个 $y^t\in R_+^n$，其等产量线可表示为：

$$isoI(y^t)=\left\{x^t\mid x^t\in I(y^t), \frac{x^t}{\lambda}\notin I(y^t), \lambda>1\right\} \tag{7-3}$$

按照 Shephard（1970）所给出的定义，投入导向型距离函数的倒数是在给定产出时所需要的生产要素的理论最少投入与实际投入之比。据此，t 时期要素投入距离函数可以表述为：

$$D_k^t(x^t, y^t)=\max\left\{\theta\mid\left(\frac{x^t}{\theta}, y^t\right)\in I(y^t)\right\} \tag{7-4}$$

式（7－4）需要满足的条件是：对于所有的 $x^t \in I(y^t)$ 有 $D_k^t(x^t, y^t) > 1$；对于所有的 $x^t \in isoI(y^t)$ 有 $D_k^t(x^t, y^t) = 1$。

Caves 等（1980）最早借鉴 Malmquist 所提出的用于分析不同时期消费变化的方法来构造 Malmquist 生产率指数，用以度量给定决策单元在两个不同时期或两种不同的生产模式或两个不同生产地区的全要素生产率（TFP）的变化。Färe 等（1994）将两个时期投入导向型的 Malmquist 生产率指数定义如下：

$$M_k^{t,t+1} = \left(\frac{D_k^{t+1}(x_k^{t+1}, y_k^{t+1})}{D_k^{t+1}(x_k^t, y_k^t)} \frac{D_k^t(x_k^{t+1}, y_k^{t+1})}{D_k^t(x_k^t, y_k^t)}\right)^{1/2} \tag{7-5}$$

式（7－5）实际上测量的是两个不同的时期生产的要素投入和产出组合与最优前沿面之间的径向距离的变化。进一步地，在规模报酬不变（CRS）的技术假定条件下，可将生产率的变化分解为效率变化（EC）和技术变化（TC）两部分，即：

$$M_k^{t,t+1} = \underbrace{\frac{D_k^{t+1}(x_k^{t+1}, y_k^{t+1})}{D_k^t(x_k^t, y_k^t)}}_{EC_k^{t,t+1}} \underbrace{\left(\frac{D_k^t(x_k^t, y_k^t)}{D_k^{t+1}(x_k^t, y_k^t)} \frac{D_k^t(x_k^{t+1}, y_k^{t+1})}{D_k^{t+1}(x_k^{t+1}, y_k^{t+1})}\right)^{1/2}}_{TC_k^{t,t+1}} \tag{7-6}$$

其中，效率变化（EC）度量了从 t 期到 t＋1 期决策单元的实际产出与生产前沿面之间距离的变化；而技术变化（TC）则度量了两个时期生产前沿面的移动，代表着生产技术水平的变化。

然而，由于上述分解中假定技术进步是希克斯中性的，并未考虑技术进步可能存在偏向性，也无法识别不同要素投入组合可能出现的非等比例垂直偏离生产前沿面等问题。因此，在放松技术进步为希克斯中性的假设条件的基础上，Färe 等（1997）进一步将技术变化（TC）分解为产出偏向型技术进步（OBTC）、投入偏向型技术进步（IBTC）和规模技术进步（MTC）三个部分，即：

$$TC_k^{t,t+1} = OBTC_k^{t,t+1} \times IBTC_k^{t,t+1} \times MTC_k^{t,t+1} \tag{7-7}$$

$$OBTC_k^{t,t+1} = \left(\frac{D_k^t(x_k^{t+1}, y_k^{t+1})}{D_k^{t+1}(x_k^{t+1}, y_k^{t+1})} \frac{D_k^{t+1}(x_k^{t+1}, y_k^t)}{D_k^t(x_k^{t+1}, y_k^t)}\right)^{1/2} \tag{7-8}$$

$$IBTC_k^{t,t+1} = \left(\frac{D_k^{t+1}(x_k^t, y_k^t)}{D_k^t(x_k^t, y_k^t)} \frac{D_k^t(x_k^{t+1}, y_k^t)}{D_k^{t+1}(x_k^{t+1}, y_k^t)}\right)^{1/2} \tag{7-9}$$

$$MTC_k^{t,t+1} = \frac{D_k^t(x_k^t, y_k^t)}{D_k^{t+1}(x_k^t, y_k^t)} \tag{7-10}$$

在式（7－7）～式（7－10）中，MTC 指数度量的是生产技术前沿面在技术进步的作用下所发生的位置平移，即纯技术进步的程度；IBTC 指数反映了当技术进步使得投入要素之间的边际技术替代率改变且引致生产技术前沿面发生旋转时，在保持产出与 t 期相比不变的前提下，与要素投入变化相伴随的技术进步偏向性；OBTC 指数则反映了在“多投入、多产出”的情形下，当技术进步导致不同产出之间边际替代率变化且引发生产技术前沿面发生旋转时，在保持要素投入与 t+1 期相比不变的前提下，与产出变化相关的技术进步偏向性。需要说明的是，如果只有一种产出，那么 OBTC 指数恒等于 1；如果 IBTC 指数等于 1，表明技术进步为中性；如果 IBTC 指数不等于 1，则表示存在要素投入偏向型技术进步。

同时，值得注意的是，要素投入偏向型技术进步指数（IBTC）的大小实际上只能反映偏向型技术进步是否存在或者能否依靠其来提高全要素生产率，但它并不能被直接用来确定技术进步具体是节约或者增加使用了哪种生产要素。为解决这一问题，Weber 和 Domazlicky（1999）、Baležentis（2014）、Li 等（2017）提出可以结合技术进步偏向指数大小与要素投入比例变化这两项指标来共同判定技术进步的要素投入偏向。

在只考虑两种生产要素（x_1 和 x_2）和一种产出（y）的情况下，投入导向型的 Malmquist 生产率指数及 IBTC 指数可以用图 5－4 来进行说明。如图 5－4（a）所示，以等产量线 isoI（y）来表示某个时期的生产技术前沿面，代表生产产出 y 的所有最小投入要素组合的集合，t 期与 t+1 期的生产技术前沿面可以分别记为 $isoI^t(y^t)$ 和 $isoI^{t+1}(y^{t+1})$。假设 A 和 B 点分别代表 t 时期和 t+1 时期实际生产的投入要素组合点，A^t、B^t 和 A^{t+1}、B^{t+1} 分别为相对应的 t 时期和 t+1 时期在生产技术前沿面上的最小投入要素组合点，则距离函数可以分别表示为：$D_k^t(x_k^t, y_k^t)=\frac{OA}{OA^t}$，$D_k^{t+1}(x_k^t, y_k^t)=\frac{OA}{OA^{t+1}}$，$D_k^t(x_k^{t+1}, y_k^t)=\frac{OB}{OB^t}$，$D_k^{t+1}(x_k^{t+1}, y_k^t)=\frac{OB}{OB^{t+1}}$。根据式（7－9）可得到从 t 时期到 t+1 时期的投入偏向型技术进步指数为：

$$IBTC=\left(\frac{OA^t}{OA^{t+1}}\cdot\frac{OB^{t+1}}{OB^t}\right)^{1/2}$$

图 5－4（a）给出了获得要素投入偏向型技术进步（IBTC）指数的图示，图 5－4（b）则进一步说明如何确定技术进步具体的要素投入偏向性。如图 5－4 所示，代表 t+1 期的要素投入组合的 B 点与代表 t 期要素投入组合的 A 点相比，x_2 要素和 x_1 要素投入的相对比例发生了变化，表现为 $(x_2/x_1)_A>(x_2/x_1)_B$。同时，t 时期到 t+1 时期，边际技术替代率 $MRTS(x_1, x_2)$ 在下降。如果以 $isoI^t(y^t)$ 代表 t 时期的生产技术前沿面，根据前沿面是否发生旋转及旋转的方向差别，t+1 时期的生产技术前沿面会呈现出 3 种不同的形态，分别是 $isoI_{HN}^{t+1}(y^t)$、$isoI_1^{t+1}(y^t)$、$isoI_2^{t+1}(y^t)$。

当 $isoI^t(y^t)$ 移动为 $isoI_{HN}^{t+1}(y^t)$ 时，$\frac{OA^t}{OA^{t+1}}=\frac{OB^t}{OB^{t+1}}$，IBTC=1，为中性技术进步；当 $isoI^t(y^t)$ 移动为 $isoI_1^{t+1}(y^t)$ 时，$\frac{OA^t}{OA^{t+1}}<\frac{OB^t}{OB^{t+1}}$，IBTC<1，同时 $(x_2/x_1)_A>$

$(x_2/x_1)_B$，表现为 x_1 使用、x_2 节约型技术进步；而当 $isoI^t(y^t)$ 移动为 $isoI_2^{t+1}(y^t)$ 时，$\frac{OA^t}{OA^{t+1}} > \frac{OB^t}{OB^{t+1}}$，IBTC > 1，同时 $(x_2/x_1)_A > (x_2/x_1)_B$，表现为 x_2 使用、x_1 节约型技术进步。

同理，从 t 时期到 t + 1 时期，如果 $(x_2/x_1)_A > (x_2/x_1)_B$，边际技术替代率 $MRTS(x_1, x_2)$ 上升，则当 IBTC < 1，技术进步体现为 x_2 使用、x_1 节约型；而当 IBTC > 1，技术进步则表现为 x_1 使用、x_2 节约型。

上述根据 IBTC 指数大小和要素比例变化的不同组合来判断不同情形下的技术进步的要素投入方向的过程可被归纳如表 7 - 4 所示。当投入要素大于两种时，也可以根据两两要素之间的投入的相对比例的变化和 IBTC 值来进行技术进步的要素投入偏向的判断。

表 7 - 4 要素投入偏向型技术进步的判断方法

	IBTC > 1	IBTC < 1	IBTC = 1
$(x_i/x_q)_t < (x_i/x_q)_{t+1}$	x_q 使用，x_i 节约	x_i 使用，x_q 节约	中性
$(x_i/x_q)_t > (x_i/x_q)_{t+1}$	x_i 使用，x_q 节约	x_q 使用，x_i 节约	

进一步地，由式（7 - 9）可知，要计算要素投入偏向型技术进步（IBTC）指数，需要首先得到相应的距离函数。可以采用 DEA 方法求解距离函数，具体的解析式见表 7 - 5。

表 7 - 5 DEA 方法及求解距离函数的线性规划方程

t 期的生产技术方程

$$T^t = \left\{ (x^t, y^t): \begin{array}{c} \sum_{k=1}^{K} \lambda_k x_{ik}^t \leqslant x_i^t, i = 1,2,\cdots,m, \\ \sum_{k=1}^{K} \lambda_k y_{jk}^t \geqslant y_j^t, j = 1,2,\cdots,n, \\ \lambda_k \geqslant 0, k = 1,2,\cdots,K \end{array} \right\}$$

t 期距离函数的线性规划求解方程	s 期距离函数的线性规划求解方程
$(D^t(x^t,y^t))^{-1} = \min_{\lambda_k,\phi} \phi$ $\sum_{k=1}^{K} \lambda_k x_{ik}^t \leqslant \phi x_i^t, i = 1,2,\cdots,m,$ $\sum_{k=1}^{K} \lambda_k y_{jk}^t \geqslant y_j^t, j = 1,2,\cdots,n,$ $\lambda_k \geqslant 0, k = 1,2,\cdots,K$	$(D^s(x^t,y^t))^{-1} = \min_{\lambda_k,\phi} \phi$ $\sum_{k=1}^{K} \lambda_k x_{ik}^s \leqslant \phi x_i^t, i = 1,2,\cdots,m,$ $\sum_{k=1}^{K} \lambda_k y_{jk}^s \geqslant y_j^t, j = 1,2,\cdots,n,$ $\lambda_k \geqslant 0, k = 1,2,\cdots,K$

7.2.3 变量与数据说明

本部分将基于上述方法，采用《全国农产品成本收益资料汇编》所提供的不同粮食作物投入和产出的省际面板数据来测度和分析最近十几年来中国稻谷、小麦、玉米三种主要粮食作物生产的要素投入型技术进步，并进一步确定技术进步的要素投入偏向。根据前文描述的我国粮食生产的要素投入结构变化情况，本书采用一种产出、四种要素投入构造和求解距离函数，以获得生产技术前沿面和IBTC 指数。投入与产出变量的定义如下：

- 产出变量：采用不同粮食作物每亩的平均产量来表示，单位是千克/亩。
- 劳动投入：采用不同粮食作物每亩的用工总量（包括雇工数量与家庭自用工数量）来表示，单位是工日/亩。
- 机械投入：参考郑旭媛、徐志刚（2017）的方法，以不同粮食作物每亩机械作业费、排灌费、燃料动力费、固定资产折旧加权求和而得，计算公式为机械费 = 机械作业费 + 燃料动力费 + 排管费 + 2/3 × 固定资产折旧。同时，采用以2003 年为基期的农机具价格指数进行平减处理，以消除通胀因素影响，单位是元/亩。
- 肥料投入：由不同粮食作物每亩肥料费与农家肥费之和计算得到，并使用以 2003 年为基期的化肥价格指数进行平减，剔除通胀因素影响，单位是元/亩。
- 其他投入：采用生产成本扣除人工成本、机械费、肥料费之后的余值部分来表示，主要包含种子费、农药费、农膜费、保险费用、管理费用、税金及其他各类间接费用等。同时，采用以 2003 年为基期的农业生产资料总价格指数进行平减处理，以消除价格因素影响，单位是元/亩。

综合考虑三种主要粮食作物的区域种植与分布情况及以上各类型数据在时间和省域层面上的可获性与完整性，本书最终所选择的面板数据的范围为 2003 ~ 2013 年中国 13 个省（市、区）的稻谷（粳稻）、15 个省（市、区）的小麦及 19 个省区的玉米的相关数据①。这些省区基本涵盖了我国这三种作物所有的主产省份，分别占到全国稻谷、小麦、玉米总产量的 80% ~90%，能够较好地代表和反映我国粮食生产的总体情况。同时，需要说明的是，为了尽可能地避免天气等随

① 稻谷选择的 13 个省区分别是：湖北、湖南、江苏、安徽、浙江、河北、河南、山东、云南、黑龙江、吉林、辽宁、内蒙古。小麦选择的 15 个省区分别是：河北、河南、山东、湖北、安徽、江苏、浙江、黑龙江、吉林、辽宁、内蒙古、云南、甘肃、宁夏、新疆。玉米选择的 19 个省区分别是：黑龙江、吉林、辽宁、内蒙古、山东、山西、河南、河北、江苏、安徽、湖北、四川、陕西、甘肃、宁夏、贵州、云南、广西、新疆。

机因素对粮食生产投入和产出变量的干扰，我们对所有的数据都进行了三年移动平均处理，故最终报告的结果将以2004～2012年的形式呈现。

7.3　主要粮食作物生产的技术进步偏向测度结果

要素投入偏向型技术进步（IBTC）指数可以用来反映技术进步是否使得投入要素之间的边际技术替代率发生改变以及在技术进步过程中技术前沿面是否发生旋转。基于前述方法的测算，图7－1给出了过去十多年来我国稻谷、小麦和玉米生产过程中不同省份IBTC指数的均值的变化趋势。从中可以看出，2004～2012年期间，稻谷、小麦和玉米的IBTC指数均大于1，这一方面表明，这些粮食作物的生产过程中的技术前沿面发生了旋转，即存在要素投入偏向型技术进步；另一方面，作为技术进步指数（TC）的一个重要组成部分，IBTC大于1也表明要素投入偏向型技术进步在一定程度上推动了中国稻谷、小麦和玉米生产的技术进步发展。

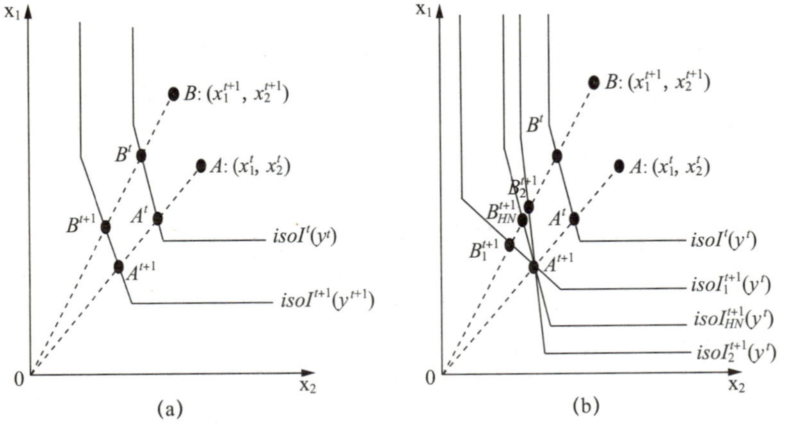

图7－1　要素投入偏向型技术进步（IBTC）

分品种来看，稻谷生产的IBTC指数在2004～2006年逐步上升，2006～2008年有所下降，而2008年又开始上升并保持稳定；小麦生产的IBTC指数在2004～2007年波动上升，2007～2009年有所下降，而2009年以后逐步上升；玉米生产的IBTC指数在2004～2008年持续上升，2008年以后逐步上升。总体而言，最近5年中国稻谷、小麦和玉米生产的IBTC指数都呈上升趋势，表明要素投入偏向型技术进步在推动我国稻谷、小麦和玉米生产的技术进步发展过程中正发挥着越来越重要的作用。

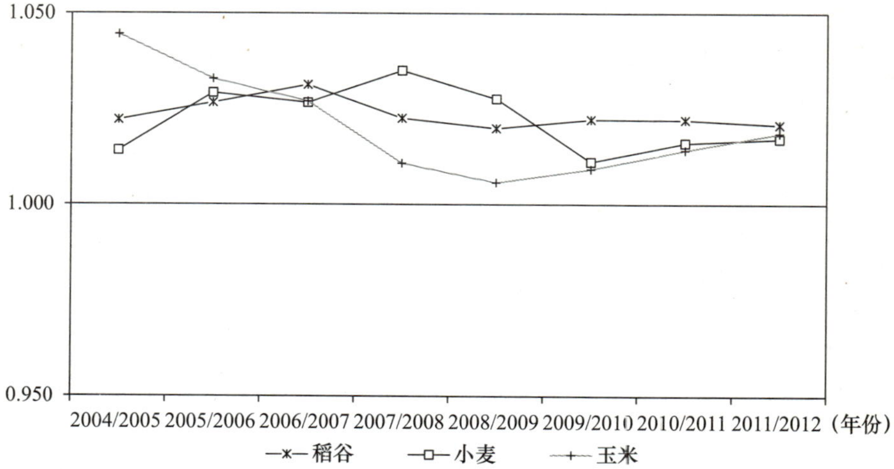

图 7-2　主要粮食作物 IBTC 指数变动情况（2004~2012 年）

资料来源：笔者计算。

进一步地，将各年份不同粮食作物的 IBTC 指数与其生产的要素投入比例的变动情况结合起来看，便可据此确定主要粮食作物生产技术进步究竟偏向节约或使用哪种要素。以下将分别对稻谷、小麦和玉米生产的技术进步的要素投入偏向进行分析。

7.3.1　稻谷生产的技术进步偏向测度结果

表 7-6 给出了 2004~2012 年我国 13 个主要省份稻谷生产过程中劳动、机械、肥料和其他要素投入两两相比较的技术进步偏向的统计结果。需要说明的两点是：第一，四种要素两两组合且区分各要素的节约和使用两种不同类型，一共可以有 12 种不同的组合方式，为了报告的方便，此处只报告其中的 6 种组合方式，剩余的 6 种组合方式的结果正好与对应的已报告结果方向相反；第二，对于给定的两两投入组合情形，我们将每一个出现该组合情形的省份作为一个观测值来统计，每年每种组合情形最多出现 13 个观测值，13 个省份 2004~2012 年 8 年的时间，一共是 104 个观测值。以表 7-6 中 2004/2005 年“机械使用/劳动节约”这一组合情形为例，13 个省份中有 9 个省份稻谷的生产出现了这种情况，则观察值记为 9；“机械使用/劳动节约”与“机械节约/劳动使用”互为相反组合，9 个省份为“机械使用/劳动节约”，则意味着剩余的 4 个省份为“机械节约/

劳动使用”。

分析表7－6中的数据可以看出：首先，劳动与肥料组合的比较表明，有77.9%观测值显示稻谷生产的技术进步偏向于节约劳动而使用肥料；其次，劳动与机械组合的比较表明，有75%的观测值显示稻谷生产的技术进步偏向于节约劳动而使用机械；再次，劳动与其他要素组合的比较表明，有66.3%的观测值显示稻谷生产的技术进步偏向于节约劳动而使用其他要素。进一步地，机械与肥料组合的比较表明，有68.3%的观测值显示稻谷生产的技术进步偏向于节约肥料而使用机械；其他要素与肥料组合的比较表明，只有36.5%的观测值显示稻谷生产的技术进步偏向于节约肥料而使用其他生产要素；其他要素与机械组合的比较表明，只有26%的观测值显示稻谷生产的技术进步偏向于节约机械而使用其他要素。

表7－6　稻谷生产要素投入偏向型技术进步（省份数）

年份	肥料使用/劳动节约	机械使用/劳动节约	其他使用/劳动节约	机械使用/肥料节约	其他使用/肥料节约	其他使用/机械节约
2004/2005	10	9	8	7	5	6
2005/2006	10	9	6	8	3	5
2006/2007	11	10	7	9	3	2
2007/2008	8	9	7	7	2	4
2008/2009	10	10	10	10	5	3
2009/2010	11	11	11	9	7	3
2010/2011	11	11	10	11	8	2
2011/2012	10	9	10	10	5	2
合 计	81	78	69	71	38	27
总样本	104	104	104	104	104	104
比重（%）	77.9	75	66.3	68.3	36.5	26

资料来源：笔者计算。

上述投入要素两两比较的技术进步偏向结果仅仅只能反映两个要素之间的偏向情况，如果要对四种要素的偏向进行综合排序比较，还需要做进一步分析。

进一步整理稻谷生产技术进步对劳动、机械、肥料和其他要素两两比较的偏向结果，可将技术进步偏向总结为四种不同的类型，即劳动节约型（节约劳动而使用除劳动以外要素）、肥料节约型（节约肥料而使用除肥料以外要素）、机械节约型（节约机械而使用除机械以外要素）和其他要素节约型（节约其他要素而使用除其他要素以外要素）。据此，本部分进一步统计了2004～2012年中国13个稻谷主要生产省份四种不同类型技术进步方向的占比情况，结果如图7－3所示。从图中可以看出，过去十几年来我国稻谷生产劳动节约型技术进步的比重最高，并且劳动节约型技术进步占比呈现增加趋势。由此可见，我国稻谷生产的技术进步以节约劳动而使用除劳动以外的要素为主。

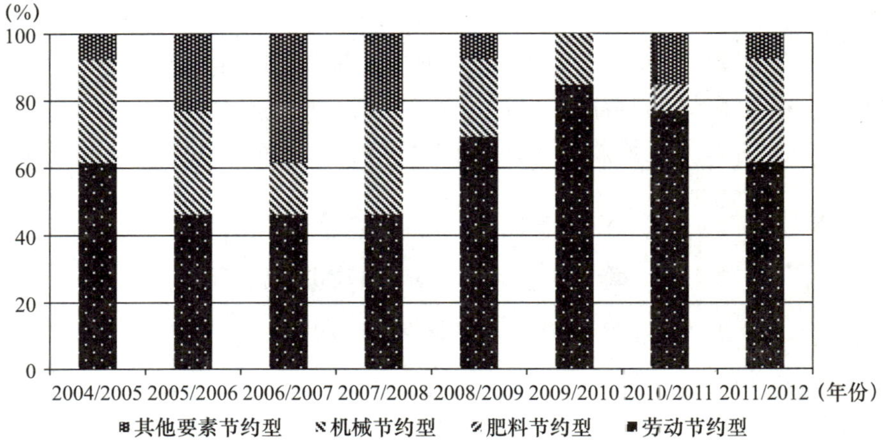

图7－3　稻谷生产要素投入偏向型技术进步分类（比重数）

资料来源：笔者计算。

图7－4进一步给出了将我国稻谷生产的劳动节约型技术进步细化分析的结

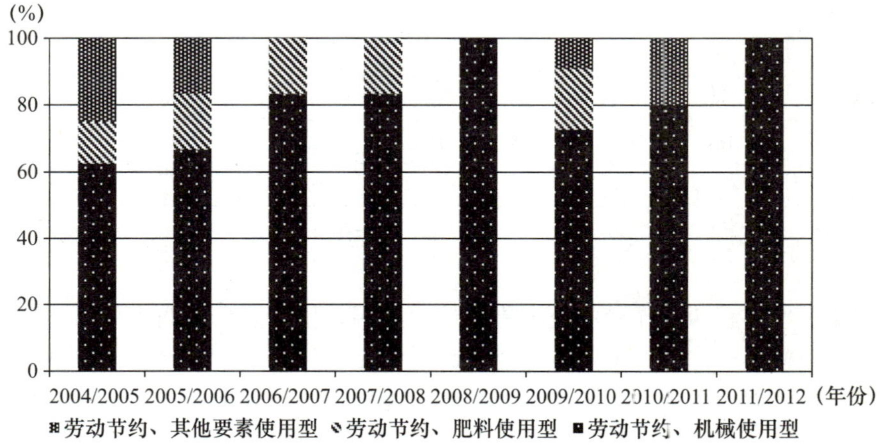

图7－4　稻谷生产劳动节约型技术进步分类

资料来源：笔者计算。

果。从中可以发现，“劳动节约、机械使用”的技术进步类型的占比很高，且占比还体现出一定的上升趋势。相反，通过使用肥料和其他生产要素替代劳动的生产技术占比则较小，且比例在下降。这表明，在我国稻谷的生产过程中节约劳动型的技术进步表现方式主要以采用机械替代劳动为主。

7.3.2　小麦生产的技术进步偏向测度结果

参考稻谷的分析方法，表7－7给出了2004～2012年我国15个主要省份小麦生产过程中劳动、机械、肥料和其他要素投入两两比较的技术进步偏向分析的结果。从中可以看出，对于小麦生产而言，有78.3%的观测值显示技术进步偏向于节约劳动而使用肥料；80.8%的观测值显示技术进步偏向于节约劳动而使用机械；66.7%的观测值显示技术进步偏向于节约劳动而使用其他要素。此外，75.8%的观测值显示小麦生产的技术进步偏向于节约肥料而使用机械；40%的观测值显示技术进步偏向于节约肥料而使用其他要素；30.8%的观测值显示技术进步偏向于节约机械而使用其他要素。

表7－7　小麦生产要素投入偏向型技术进步（省份数）

年份	肥料使用/劳动节约	机械使用/劳动节约	其他使用/劳动节约	机械使用/肥料节约	其他使用/肥料节约	其他使用/机械节约
2004/2005	8	8	9	10	8	5
2005/2006	12	13	4	13	2	2
2006/2007	15	14	11	14	2	1
2007/2008	14	15	10	13	7	2
2008/2009	13	14	13	12	9	4
2009/2010	10	9	10	7	9	12
2010/2011	12	12	12	12	7	4
2011/2012	10	12	11	10	4	7
合计	94	97	80	91	48	37
总样本	120	120	120	120	120	120
比重（%）	78.3	80.8	66.7	75.8	40.0	30.8

资料来源：笔者计算。

进一步将小麦生产技术进步对劳动、机械、肥料和其他要素两两比较的偏向结果分为劳动节约型、肥料节约型、机械节约型和其他要素节约型。图7－5的结果表明，2004～2012年期间小麦生产的15个主要省份的技术进步方向以劳动节约型为主，且总体而言劳动节约型技术进步比重在提高。在2004年46.7%的省份采用劳动节约型技术进步，之后越来越多的省份小麦生产技术偏向于节约劳动。2010年有80%的省份小麦生产技术进步为劳动节约型。这表明，现阶段我国小麦生产的技术进步以节约劳动而使用除劳动以外要素为主。

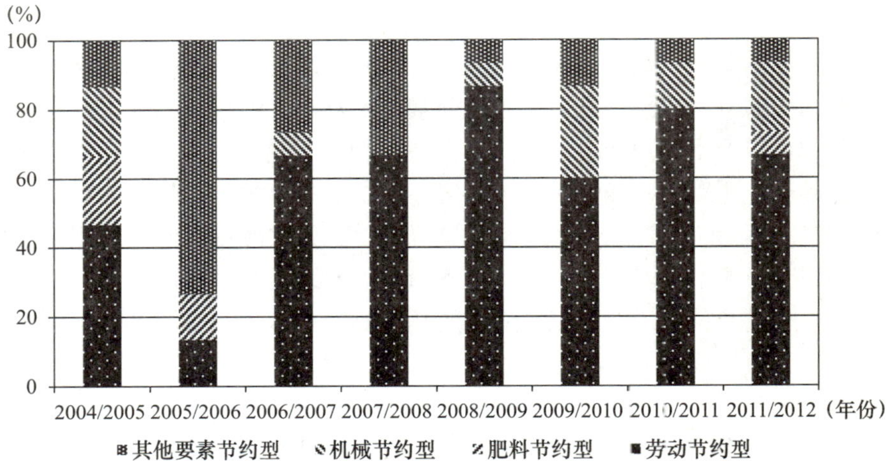

图7-5　小麦生产要素投入偏向型技术进步分类（比重数）

资料来源：笔者计算。

将我国小麦生产的劳动节约型技术进步进一步细分，可以发现，如图7-6所示，使用机械节约劳动的技术进步比重远高于其他类型的技术进步。2004～2006年期间，我国小麦生产的技术进步几乎都是使用机械节约劳动，而2006年以后，虽然仍然以节约劳动而使用机械的技术进步为主，但技术进步也开始使用肥料或其他要素节约劳动。总体而言，我国小麦生产的技术进步以节约劳动而使用机械为主，但技术进步也逐步使用肥料或其他要素替代劳动。

7.3.3　玉米生产的技术进步偏向测度结果

与对稻谷、小麦的分析类似，表7-8进一步给出了2004～2012年我国19个主要省份玉米生产过程中劳动、机械、肥料和其他要素两两比较的技术进步偏向分析的结果。表中的数据表明，就玉米的生产而言，71.7%的观测值显示技术进步偏向于节约劳动而使用肥料；69.7%的观测值显示技术进步偏向于节约劳动而使用机械；53.3%的观测值显示技术进步偏向于节约劳动而使用其他要素。与此同时，也有50.7%的观测值显示技术进步偏向于节约肥料而使用机械；33.6%的观测值显示技术进步偏向于节约肥料而使用其他要素；34.9%的观测值显示技术进步偏向于节约机械而使用其他要素。

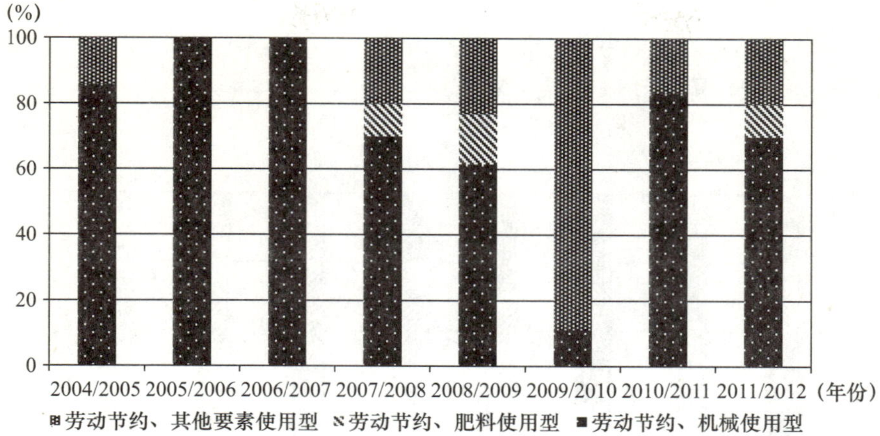

图7－6 小麦生产劳动节约型技术进步分类

资料来源：笔者计算。

表7－8 玉米生产要素投入偏向型技术进步（省份数）

年份	肥料使用/劳动节约	机械使用/劳动节约	其他使用/劳动节约	机械使用/肥料节约	其他使用/肥料节约	其他使用/机械节约
2004/2005	15	14	11	12	6	6
2005/2006	16	14	5	11	4	4
2006/2007	18	18	14	7	1	2
2007/2008	14	13	9	4	7	7
2008/2009	11	10	8	12	7	10
2009/2010	10	11	11	11	11	9
2010/2011	9	10	8	8	8	9
2011/2012	16	16	15	12	7	6
合计	109	106	81	77	51	53
总样本	152	152	152	152	152	152
比重（%）	71.7	69.7	53.3	50.7	33.6	34.9

资料来源：笔者计算。

进一步地，在投入要素两两比较的技术进步偏向结果的基础上，对四种要素的偏向进行排序比较，将玉米生产技术进步分为劳动节约型、肥料节约型、机械节约型和其他要素节约型。图 7-7 的结果表明，玉米生产的 19 个主要省份在 2004~2012 年期间，劳动节约型技术进步比重高于其他类型，2011 年有 79.8% 的省份玉米生产技术进步为劳动节约型。因此，我国玉米生产的技术进步方向也以节约劳动而使用除劳动以外要素为主。

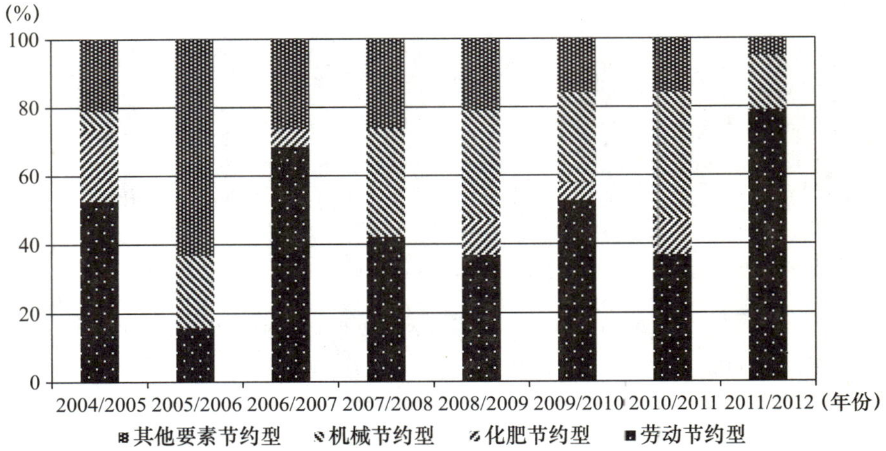

图 7-7 玉米生产要素投入偏向型技术进步分类（比重数）

资料来源：笔者计算。

对我国玉米生产的劳动节约型技术进步进行细分，图 7-8 的结果表明，2004~2007 年期间，我国玉米生产的技术进步以使用肥料节约劳动为主，而2008

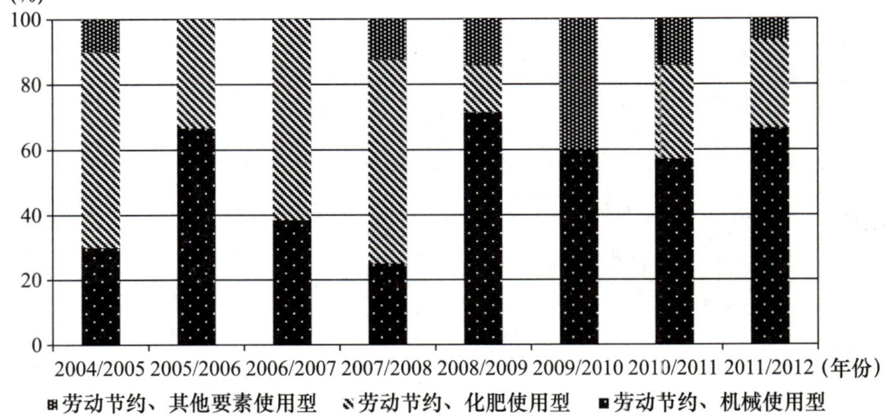

图 7-8 玉米生产劳动节约型技术进步分类

资料来源：笔者计算。

年以后，以节约劳动而使用机械的技术进步为主。因此，当前我国玉米生产的技术进步以节约劳动而使用机械为主，相比较于使用肥料替代劳动，越来越多地使用机械替代劳动。

7.4 技术进步偏向对粮食生产成本的影响分析

上述对我国粮食生产的技术进步偏向的测度结果表明，过去十多年来我国稻谷、小麦、玉米三种主要粮食作物生产过程存在明显的要素投入偏向型技术进步。与此同时，作为技术进步指数的一个重要组成部分，要素投入偏向型技术进步（IBTC）在推动了中国稻谷、小麦和玉米生产的技术进步过程中正在发挥越来越重要的作用。进一步的分析还发现，我国三大主粮生产的技术进步方向均以节约劳动为主。其中，稻谷生产一直大都使用机械替代劳动；小麦生产大部分使用机械替代劳动力，也有使用肥料或其他要素替代劳动；而玉米生产之前大部分使用肥料替代劳动，之后越来越多地使用机械替代劳动。总的来说，当前我国稻谷、小麦和玉米生产的技术进步以采用机械替代劳动为主。

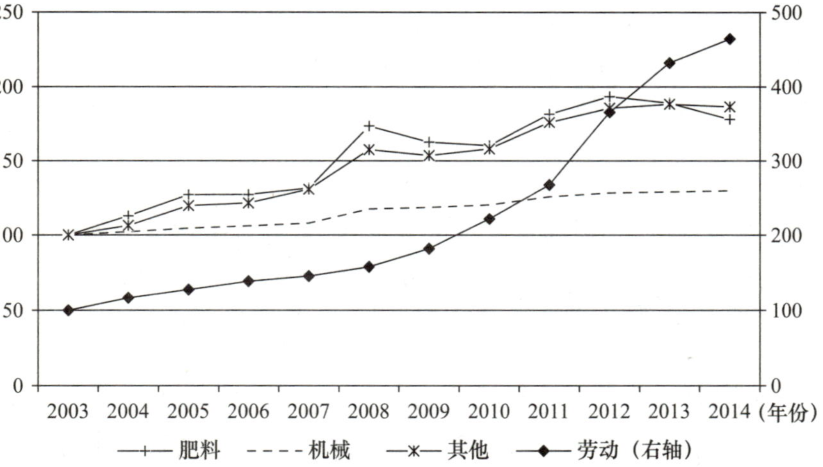

图7-9 农业生产要素价格指数的变化（2003~2014年）

注：①图中肥料、机械和其他要素投入的价格指数分别采用肥料价格指数、机械化农具价格指数和农业生产资料总价格指数来表示，并进行定基化处理以2003年为100；②劳动价格指数采用农本资料提供的历年劳动日工价扣除通胀因素之后的值除以2003年的值乘以100得到。

资料来源：根据《中国统计年鉴》、《全国农产品成本收益资料汇编》（历年）数据整理计算。

另外，本书第6章对国内主要粮食产品生产成本变动的分析已经表明，劳动力成本上升是目前导致我国粮食生产成本上涨的主要推动因素。图7-9进一步给出了2003~2014年我国劳动、机械、化肥等四种主要农业生产要素的价格指数的变动情况。从中可以看出，2003~2014年我国农业劳动要素价格每年以接近15%的速度增长，上涨速度远快于其他生产要素。在劳动要素相对价格持续快速上涨的背景下，我国粮食生产的技术进步以劳动节约型技术为主，这正好与Hayami和Ruttan（1970，1971）等所提出的"诱致性技术创新假说"理论的观点相符，即在劳动力相对价格不断提高的情况下，农业生产会采用节约劳动的生产技术、以机械替代劳动。这种技术进步显然一定程度上有利于减缓因劳动力成本上升对我国粮食生产成本上升的推动作用。

7.5 本章小结

本章在深入分析我国稻谷、小麦、玉米三种主要粮食作物生产要素投入结构变动的基础上，采用偏向调整的Malmquist生产率指数和数据包络分析（DEA）方法测度我国粮食生产的技术进步方向及要素投入偏向，并分析了其对粮食生产成本变动的影响。研究的结果表明，过去十多年来我国稻谷、小麦、玉米三种主要粮食作物生产过程存在明显的要素投入偏向型技术进步。与此同时，作为技术进步指数的一个重要组成部分，要素投入偏向型技术进步在推动中国稻谷、小麦和玉米生产的技术进步过程中正在发挥越来越重要的作用。进一步的分析还发现，我国三大主粮生产的技术进步方向均以节约劳动为主。其中，稻谷生产一直大都使用机械替代劳动；小麦生产大部分使用机械替代劳动，也有使用肥料或其他要素替代劳动；而玉米生产之前大部分使用肥料替代劳动，之后越来越多地使用机械替代劳动。总体而言，当前我国稻谷、小麦和玉米生产的技术进步以采用机械替代劳动为主。

考虑到近年来国内劳动力要素价格快速上涨，并且劳动与机械的相对价格高于劳动与肥料及劳动与其他生产要素之间的相对价格，主要粮食作物生产的技术进步偏向于节约劳动，使用机械替代劳动，这不仅符合"诱致性技术创新假说"理论的推论，而且采用机械等相对便宜的生产要素替代劳动要素，一定程度上也有利于缓解由于劳动力价格上升所导致的粮食成本上升的压力。

第 8 章　结论与政策建议

8.1　主要结论

本书基于经济学的相关原理，在分析产量目标和竞争力目标之间的关系、阐释两者之间的不完全统一性的基础上，以结构调整和技术进步这两种手段为例，分别从产量和生产成本角度考察其对粮食增产和降低粮食生产成本、提高竞争力的影响与作用，以期能够在解释我国粮食增产的真正原因的同时，也能对产量目标和竞争力目标之间的非统一性进行检验。研究的主要结论如下：

（1）理论分析表明，在开放的条件下，粮食进口由市场价格决定，粮食贸易的方向取决于国内外粮食价格竞争力的比拼。在这种情况下，进口并不一定等于缺口，高产量也并不必然带来高自给率。“价格差型”进口增加所引致的粮食自给率下降并不意味着国内的粮食供需缺口扩大或粮食安全状况发生了恶化。相反，如果本身国内粮食供给充足，“价差型进口”的增加反而会加剧国内粮食供过于求的矛盾，导致粮食库存更大数量的增加，从而出现所谓的“三量齐增”或“三高一低”的现象。进一步的分析还发现，粮食产量的增加有可能伴随着平均生产成本的上升，从而引发基于成本之上的粮食价格竞争力下降，这表明提高产量的目标与提高竞争力的目标并非总是完全统一的，甚至有可能是相互矛盾的。

（2）指数分解法测度的结果表明，过去十多年来粮食作物种植结构调整，高产的玉米、稻谷对低产的小麦、大豆等的种植替代，对中国粮食增产的贡献率达到了 17%。其中，东北地区是全国粮食种植结构调整程度最大、增产效果最为显著的区域。该区种植结构调整推动全国粮食总产增长了 13.2%，占结构调整对全国粮食增产贡献总额的约 80%。与粮食总播种面积扩大和作物自身单产提高一样，种植结构调整已经成为推动我国粮食增产不可忽视的重要力量。

（3）在综合考虑结构调整、要素投入变动等因素的基础上，本书采用随机前沿生产函数方法重新测算了技术进步对我国粮食生产发展的影响。本书测度的结果表明，中国过去十多年来的粮食增产仍然高度依赖于要素投入的推动，技术进步对粮食增产的贡献作用还有待进一步提高。进一步地，对我国粮食生产的技术效率的影响因素分析表明，高产的水稻和玉米等作物种植比例的提高一定程度上起到了改善粮食生产效率的作用。

（4）分析结构调整与中国主要粮食作物生产成本变动之间的关系可以发现，虽然从微观农户的角度来看，粮食种植结构调整是利润驱动型的，用高产的玉米替代低产的小麦和大豆，不仅符合国家对粮食高产目标的追求，客观上也暗含着农户利润最大化的满足；但是这种调节实际上是向单位产品生产成本上升相对较快的品种的方向进行的，会导致我国粮食生产总成本的上升；进一步的国际比较分析也表明，国内以调增玉米为特征的粮食种植结构调整其实是在朝着国际竞争力更弱的粮食产品的方向进行的。稻谷、玉米等高产作物对大豆、小麦及其他相对低产作物的种植替代，虽然对于提高粮食总产量有利，但却是以更高的成本为代价，并不利于提高我国粮食产品的国际竞争力。

（5）基于偏向调整的 Malmquist 生产率指数和 DEA 方法对我国粮食生产的技术进步方向及要素投入偏向的分析结果表明，在面临劳动力要素价格上涨等压力的情况下，我国粮食生产进行了适应性调整，主要粮食作物生产的技术进步方向均偏向于节约劳动，这与“诱致性技术创新假说”理论的推论相符。同时，采用机械等相对便宜的生产要素替代劳动要素，一定程度上也有利于缓解由于劳动力价格上升所导致的粮食成本上升的压力。

8.2 政策启示

8.2.1 转变传统的粮食安全思维，调整粮食安全保障目标

长期以来，追求粮食高自给率和高产量一直是我国粮食生产最重要的目标，资源配置、科技投入、政策调控等措施与手段无不指向这一目标。然而，从本书的分析来看，我国粮食的高产量是以高成本为代价的，并未伴随着竞争力的同步提升。在开放的条件下，这不仅无助于保持或提高国内的粮食自给率水平，而且还会引发诸如产量、进口量、库存量“三量齐增”等矛盾现象，给政府财政造成巨大压力的同时，也增加了管理和调控粮食生产、流通和贸易以实现国内外市场协调发展的难度。

总体而言，现阶段固守粮食自给率的目标已经很难继续实现，应当根据形势的变化适时调整粮食安全保障的目标。应当认识到的是，今后随着市场越来越开放，我国的粮食进口数量和粮食自给率实际上并不取决于国内的粮食产需缺口到底有多大，而是取决于国内外粮食生产竞争力的比拼。即便国内粮食产量增加、产需缺口下降，但只要国内外价差足够大，“非必需进口”数量也会不降反升。因此，除关注产量以外，如何降低粮食生产成本、提高国际竞争力也应当成为今后保障国家粮食安全的重要组成部分。

8.2.2　依靠科技进步降低农业生产成本，打造有竞争力的农业

打造有竞争力的农业，需要更多地着重于降低农业生产成本、提高农产品国际竞争力的手段和措施。从当前的情况来看，影响我国粮食生产竞争力的因素很多，其中最重要的一个因素是劳动力成本的大幅提高。而本书的测度结果已经表明，目前中国农业的技术进步方向偏向于采用机械替代劳动，这有助于缓解劳动力成本上升对粮食生产成本的推动作用。因此，今后的技术进步可能需要进一步向这样的方向发展，可关注的领域和采取的具体措施主要包括：第一，加强农田基础设施的公共投资及农业生产各环节的农机、植保、农技服务的政府提供，提高农民采用机械服务的便利性，降低农民种粮的生产成本；第二，重视新品种、新技术的研发和推广工作，加大投入力度，开发适合机械作业、替代人力投入的农业新技术、新品种等，尤其值得关注的是，考虑到我国 2/3 的土地、1/3 的耕地分布在山区和丘陵地带，开发和推广适合这些地区的小型、便携式、适合坡度作业的农业机械无疑具有重要的意义。

同时，需要说明的是，上述这些可以由政府主导的国内支持手段不仅有助于缓解我国劳动力成本上升背景下的农业生产成本上涨压力、提高粮食产品的国际竞争力，而且由于其符合 WTO 规定中不受数量限制的“绿箱”政策的标准，因此，可以加大力度、持续进行。

8.2.3　依靠结构调整继续增产的空间有限，应注重提高低产作物的单产

虽然本书的测度结果表明，过去十几年来以高产的玉米和稻谷替代低产的大豆、小麦及其他粮食作物为主要特征的结构调整在中国粮食持续增产过程中发挥了重要的推动作用，但是今后继续依靠这种结构调整来促进粮食增产的空间可能已经不大。这主要是因为：第一，这种结构调整方向并不利于竞争力的提高；第二，这种结构调整加剧了品种结构失衡的矛盾，玉米已经出现了阶段性的供给过剩，随着玉米取消临时收储政策及“价补分离”改革思路的推进，国内玉米和

大豆种植的相对收益已经发生逆转，调减玉米、调增大豆的趋势较为明显，对粮食产量增长的负向作用已经显现；第三，北方地区日益严峻的水资源条件，也将一定程度上制约粮食内部高产但高耗水作物对低产但耗水相对较低的作物的替代空间。

考虑到耕地和水资源的稀缺性以及粮食作物与其他作物不可避免的争地、争水替代性，今后维持粮食产量和生产能力的重点一定是粮食总体的单产提高。但由于很难继续通过挖掘粮食作物之间的“单产差”来提高粮食加权平均单产和土地产出率，因而努力通过技术进步、加强农业基础设施建设、改造中低产田等不同途径来提高不同粮食作物自身的单产水平可能是更为合适的选择。

同时，值得注意的是，从过去十多年的数据来看，我国稻谷、玉米、小麦等相对高产的粮食作物的单产提升幅度较大、速度较快，2003~2015年每亩分别增长了55公斤、72公斤和97公斤，但大豆等低产作物的单产则基本停滞不前，过去十多年来大豆亩产提高的幅度只有约10公斤，且近些年来单产基本维持在120公斤而没有太大的变化。这在一定程度上表明今后的科研投入和生物育种技术的发展方向可能需要适当地考虑向提高低产作物单产的方向倾斜，同时也应当更加注重优良品种的推广、普及和使用，而不应当再继续盲目地追求稻谷、玉米等高产作物的实验室中的高产纪录。

8.3 研究展望

本书分别分析了结构调整与技术进步对我国粮食产量和生产成本的影响，并就粮食安全的产量目标和竞争力目标的不完全统一性等相关问题开展了理论探讨和实证分析等有益的尝试，也得出了一些有意思的研究结论。然而，受数据、时间、精力等因素的限制，本书研究的时间跨度主要集中在2003~2014年这一段时期，并没有充分考虑2015年以来国内粮食安全形势所发生的一些新变化，尤其是农业供给侧结构性改革、粮食价格支持政策调整等各项新政策和新举措的推进。但是这些政策调整的思路和出发点，与本书的分析内容和研究结论显然是一致的。因此，从某种意义上来说，本书的分析和结论也可以为进行这些调整和改革提供良好的理论依据与参考建议。

当然，囿于笔者的眼界学识及研究能力，对相关问题的讨论可能并不够深入、系统和全面，对某些问题的认识也不甚清楚，难免存在疏漏和不足之处。事实上，面对目前国内复杂的粮食安全形势，有很多问题都值得进行深入研究和讨论。而从与本书的研究思路联系更为紧密的问题出发，笔者认为今后有待深入研究的问题和方向包含如下：

首先，2017年的中央“一号文件”明确指出深入推进农业供给侧结构性改革的关键举措之一是“优化产品产业结构，着力推进农业提质增效”①。这表明当前的农业供给侧结构性改革除了关注调整和优化农产品种植结构以外，还特别强调调整品质结构的重要性。而本书所关注的结构调整仅仅只是不同粮食作物之间的配比结构的变化这一很小的部分，对于更大范围内的调整粮经饲种植结构、农业区域布局及提高农产品品质、实现优质优价等问题则并未涉及。这是本书的一个不足之处，也是今后研究农业结构调整问题需要重点关注的方面。

其次，尽管社会各界已经注意到了日益加深的进口农产品替代国内农产品的现象，且本书的分析也表明造成这种现象的症结在于我国农产品相比国外农产品缺乏成本和价格竞争力。然而，对于中外农产品生产成本的差距究竟有多大，导致差距的原因到底是什么，未来应当如何降低生产成本、提高竞争力等问题，系统的国际比较和实证研究依然非常缺乏。尽管本书通过目前可以获得的中国和美国的相关数据在这方面做了一点尝试，但是今后如果能针对不同的农产品、结合更多的代表性生产国和出口国的相关数据，进行详细比较和分析，并采用适当的方法对于如何降低国内生产成本、缩小差距进行准确测度，无疑将具有重要的理论和现实意义。

最后，在当前粮食“三量齐增”、“价差型进口”和“非必需进口”来势汹汹的背景下，无论是学术界还是政策界可能都会非常关心，如果国内农业生产成本持续上升、竞争力继续下滑，我国未来的粮食进口情况将会如何？何时会突破主要粮食产品65%的配额外关税？如果一旦突破这一界限，那么今后的粮食进口规模将会是多少，粮食自给率又将如何变化？可以或者应当采取哪些应对措施和手段？今后的粮食生产、贸易及其他配套政策需要如何调整？研究和回答诸如此类的问题，不仅需要对国内外总体经济形势、粮食安全形势及其他多重因素有深刻认识及准确把握，而且需要进行大量细致的调查和准备工作，还有赖于采用科学的方法进行一些事前的预测和模拟分析，这也是笔者未来希望进一步研究的方向。

---

① 参见中共中央、国务院《关于深入推进农业供给侧结构性改革加快培育农业农村发展新动能的若干意见》，新华网（http：//news. xinhuanet. com/politics/2017 -02/05/c_ 1120413568. htm），2017年2月5日。

附　录

附表 1　中国主要粮食作物的产量、播种面积和单产变动（1997～2015 年）

单位：百万吨；百万亩；千克/亩

年份	粮食			稻谷			小麦		
	产量	面积	单产	产量	面积	单产	产量	面积	单产
1997	494.2	1693.7	291.8	200.7	476.5	421.3	123.3	450.9	273.5
1998	512.3	1706.8	300.2	198.7	468.2	424.4	109.7	446.6	245.7
1999	508.4	1697.4	299.5	198.5	469.2	423.0	113.9	432.8	263.1
2000	462.2	1626.9	284.1	187.9	449.4	418.1	99.6	399.8	249.2
2001	452.6	1591.2	284.5	177.6	432.2	410.9	93.9	370.0	253.7
2002	457.1	1558.4	293.3	174.5	423.0	412.6	90.3	358.6	251.8
2003	430.7	1491.2	288.8	160.7	397.6	404.1	86.5	330.0	262.1
2004	469.5	1524.1	308.0	179.1	425.7	420.7	92.0	324.4	283.5
2005	484.0	1564.2	309.4	180.6	432.7	417.4	97.5	341.9	285.0
2006	498.0	1574.4	316.3	181.7	434.1	418.6	108.5	354.2	306.2
2007	501.6	1584.6	316.6	186.0	433.8	428.9	109.3	355.8	307.2
2008	528.7	1601.9	330.1	191.9	438.6	437.5	112.5	354.3	317.5
2009	530.8	1634.8	324.7	195.1	444.4	439.0	115.1	364.4	315.9
2010	546.5	1648.1	331.6	195.8	448.1	436.9	115.2	363.9	316.6
2011	571.2	1658.6	344.4	201.0	450.9	445.8	117.4	364.1	322.5
2012	589.6	1669.0	353.2	204.3	454.5	449.5	120.6	362.1	333.0
2013	601.9	1679.3	358.4	203.6	454.7	447.8	121.9	361.8	337.1
2014	607.0	1690.8	359.0	206.5	454.7	454.2	126.2	361.0	349.6
2015	621.4	1700.1	365.5	208.2	453.2	459.5	130.2	362.1	359.5

续表

年份	玉米			大豆			其他		
	产量	面积	单产	产量	面积	单产	产量	面积	单产
1997	104.3	356.6	292.5	14.7	125.2	117.7	51.1	284.5	179.6
1998	133.0	378.6	351.2	15.2	127.5	118.8	55.8	285.9	195.0
1999	128.1	388.6	329.7	14.3	119.4	119.3	53.7	287.4	186.8
2000	106.0	345.8	306.5	15.4	139.6	110.4	53.2	292.3	182.1
2001	114.1	364.2	313.2	15.4	142.2	108.3	51.7	282.6	182.9
2002	121.3	369.5	328.3	16.5	130.8	126.2	54.4	276.4	196.8
2003	115.8	361.0	320.8	15.4	139.7	110.2	52.3	262.9	199.1
2004	130.3	381.7	341.4	17.4	143.8	121.0	50.7	248.5	204.2
2005	139.4	395.4	352.5	16.4	143.9	113.6	50.3	250.3	200.8
2006	151.6	426.9	355.1	15.1	139.6	108.0	41.2	219.6	187.5
2007	152.3	442.2	344.4	12.7	131.3	96.9	41.2	221.5	186.2
2008	165.9	448.0	370.4	15.5	136.9	113.5	42.9	224.2	191.4
2009	164.0	467.7	350.6	15.0	137.9	108.7	41.7	220.4	189.0
2010	177.3	487.5	363.6	15.1	127.7	118.1	43.2	221.0	195.6
2011	192.8	503.1	383.2	14.5	118.3	122.4	45.5	222.2	204.9
2012	208.1	524.2	397.0	13.1	107.7	121.2	43.5	220.6	197.3
2013	218.5	544.8	401.1	12.0	101.9	117.3	46.0	216.3	212.5
2014	215.7	556.8	387.3	12.2	102.0	119.1	46.5	216.3	215.0
2015	224.6	571.7	392.8	11.8	97.6	120.7	46.6	215.4	216.5

资料来源：根据《中国粮食年鉴》（历年）整理计算。

附表 2 中国主要粮食作物的产量、播种面积占比的变动（1997～2015 年）

产量占比（%）					
年份	稻谷	小麦	玉米	大豆	其他
1997	40.6	24.9	21.1	3.0	10.3
1998	38.8	21.4	26.0	3.0	10.9
1999	39.0	22.4	25.2	2.8	10.6
2000	40.7	21.5	22.9	3.3	11.5
2001	39.2	20.7	25.2	3.4	11.4
2002	38.2	19.8	26.5	3.6	11.9
2003	37.3	20.1	26.9	3.6	12.1
2004	38.1	19.6	27.8	3.7	10.8
2005	37.3	20.1	28.8	3.4	10.4

续表

产量占比（%）					
年份	稻谷	小麦	玉米	大豆	其他
2006	36.5	21.8	30.4	3.0	8.3
2007	37.1	21.8	30.4	2.5	8.2
2008	36.3	21.3	31.4	2.9	8.1
2009	36.8	21.7	30.9	2.8	7.9
2010	35.8	21.1	32.4	2.8	7.9
2011	35.2	20.6	33.8	2.5	8.0
2012	34.7	20.5	35.3	2.2	7.4
2013	33.8	20.3	36.3	2.0	7.6
2014	34.0	20.8	35.5	2.0	7.7
2015	33.5	21.0	36.1	1.9	7.5
面积占比（%）					
年份	稻谷	小麦	玉米	大豆	其他
1997	28.1	26.6	21.1	7.4	16.8
1998	27.4	26.2	22.2	7.5	16.8
1999	27.6	25.5	22.9	7.0	16.9
2000	27.6	24.6	21.3	8.6	18.0
2001	27.2	23.3	22.9	8.9	17.8
2002	27.1	23.0	23.7	8.4	17.7
2003	26.7	22.1	24.2	9.4	17.6
2004	27.9	21.3	25.0	9.4	16.3
2005	27.7	21.9	25.3	9.2	16.0
2006	27.6	22.5	27.1	8.9	13.9
2007	27.4	22.5	27.9	8.3	14.0
2008	27.4	22.1	28.0	8.5	14.0
2009	27.2	22.3	28.6	8.4	13.5
2010	27.2	22.1	29.6	7.7	13.4
2011	27.2	22.0	30.3	7.1	13.4
2012	27.2	21.7	31.4	6.5	13.2
2013	27.1	21.5	32.4	6.1	12.9
2014	26.9	21.4	32.9	6.0	12.8
2015	26.7	21.3	33.6	5.7	12.7

注：表中的占比数据表示各粮食作物产量和播种面积占同期全国粮食总产量或总播种面积的比重。

资料来源：根据《中国粮食年鉴》（历年）整理计算。

附表 3 中国不同地区粮食产量的变动（2003/2014 年） 单位：千万吨

地区	省份	粮食		稻谷		小麦		玉米		大豆		其他	
		2003 年	2014 年	2003 年	2014 年	2003 年	2014 年	2003 年	2014 年	2003 年	2014 年	2003 年	2014 年
华北	京	0.1	0.1	0.0	0.0	0.0	0.0	0.0	0.1	0.0	0.0	0.0	0.0
	津	0.1	0.2	0.0	0.0	0.0	0.1	0.1	0.1	0.0	0.0	0.0	0.0
	冀	2.4	3.4	0.0	0.1	1.0	1.4	1.1	1.7	0.0	0.0	0.2	0.2
	晋	1.0	1.3	0.0	0.0	0.3	0.3	0.5	0.9	0.0	0.0	0.2	0.1
	鲁	3.4	4.6	0.1	0.1	1.6	2.3	1.4	2.0	0.1	0.0	0.3	0.2
	豫	3.6	5.8	0.2	0.5	2.3	3.3	0.8	1.7	0.1	0.1	0.2	0.1
	总	10.5	15.3	0.4	0.7	5.2	7.4	3.8	6.5	0.2	0.1	0.9	0.6
东北	内蒙古	1.4	2.8	0.0	0.1	0.1	0.2	0.9	2.2	0.1	0.1	0.3	6.0
	辽	1.5	1.8	0.4	0.5	0.0	0.0	0.9	1.2	0.1	0.0	0.2	2.3
	吉	2.3	3.5	0.3	0.6	0.0	0.0	1.6	2.7	0.2	0.0	0.2	3.7
	黑	2.5	6.2	0.8	2.3	0.0	0.0	0.8	3.3	0.6	0.5	0.2	3.0
	总	7.6	14.3	1.6	3.3	0.1	0.2	4.2	9.4	0.8	0.6	0.9	15.1
东南	沪	0.1	0.1	0.1	0.1	0.0	0.0	0.0	0.0	0.0	—	0.0	0.0
	苏	2.5	3.5	1.4	1.9	0.6	1.2	0.2	0.2	0.1	0.0	0.2	0.1
	浙	0.8	0.8	0.6	0.6	0.0	0.0	0.0	0.0	0.0	0.0	0.1	0.1
	闽	0.7	0.7	0.5	0.5	0.0	0.0	0.0	0.0	0.0	0.0	0.2	0.1
	粤	1.4	1.4	1.2	1.1	0.0	0.0	0.1	0.1	0.0	0.0	0.2	0.2
	琼	0.2	0.2	0.1	0.2	—	—	0.0	—	0.0	0.0	0.1	0.0
	总	5.7	6.6	4.0	4.3	0.6	1.2	0.3	0.4	0.1	0.1	0.7	0.6
华中	皖	2.2	3.4	1.0	1.4	0.6	1.4	0.3	0.5	0.1	0.1	0.2	0.0
	赣	1.5	2.1	1.4	2.0	0.0	0.0	0.0	0.0	0.0	0.0	0.1	0.1
	鄂	1.9	2.6	1.3	1.7	0.2	0.4	0.2	0.3	0.0	0.0	0.2	0.1
	湘	2.4	3.0	2.1	2.6	0.0	0.0	0.1	0.2	0.0	0.0	0.2	0.1
	总	8.0	11.1	5.7	7.8	0.8	1.8	0.6	1.0	0.2	0.2	0.7	0.4
西南	桂	1.5	1.5	1.2	1.2	0.0	0.0	0.2	0.3	0.0	0.0	0.1	0.1
	渝	1.1	1.1	0.5	0.5	0.1	0.0	0.2	0.3	0.0	0.0	0.3	0.3
	川	3.1	3.4	1.5	1.5	0.4	0.4	0.5	0.8	0.0	0.1	0.6	0.6
	黔	2.5	6.2	0.8	2.3	0.0	0.0	0.8	3.3	0.6	0.5	0.2	0.1
	滇	1.5	1.9	0.6	0.7	0.1	0.1	0.4	0.7	0.0	0.0	0.3	0.3
	藏	0.1	0.1	0.0	0.0	0.0	0.0	0.0	0.0	0.0	—	0.1	0.1
	总	9.7	14.3	4.7	6.1	0.7	0.6	2.1	5.4	0.7	0.6	1.5	1.6

续表

地区	省份	粮食		稻谷		小麦		玉米		大豆		其他	
		2003年	2014年	2003年	2014年	2003年	2014年	2003年	2014年	2003年	2014年	2003年	2014年
西北	陕	1.0	1.2	0.1	0.1	0.4	0.4	0.4	0.5	0.0	0.0	0.1	0.1
	甘	0.8	1.2	0.0	0.0	0.3	0.3	0.2	0.6	0.0	0.0	0.3	0.3
	青	0.1	0.1	—	—	0.0	0.0	—	0.0	—	—	0.1	0.1
	宁	0.3	0.4	0.0	0.1	0.1	0.0	0.1	0.2	0.0	0.0	0.0	0.1
	新	0.8	1.4	0.1	0.1	0.3	0.6	0.3	0.6	0.0	0.0	0.0	0.0
	总	2.9	4.3	0.2	0.2	1.1	1.4	1.1	2.0	0.1	0.1	0.5	0.6

资料来源：根据《中国粮食年鉴》（历年）整理计算。

附表4　中国不同地区粮食产量占比的变化（2003/2014年）　　单位:%

地区	省份	粮食		稻谷		小麦		玉米		大豆		其他	
		2003年	2014年	2003年	2014年	2003年	2014年	2003年	2014年	2003年	2014年	2003年	2014年
华北	京	0.1	0.1	0.0	—	0.2	0.1	0.3	0.2	0.2	0.0	0.1	0.0
	津	0.3	0.3	0.0	0.1	0.4	0.5	0.6	0.5	0.4	0.1	0.1	0.1
	冀	5.5	5.5	0.3	0.3	11.8	11.3	9.3	7.7	3.0	2.1	4.0	3.9
	晋	2.2	2.2	0.0	—	3.0	2.1	4.1	4.4	1.9	1.7	3.7	2.4
	鲁	8.0	7.6	0.5	0.5	18.1	17.9	12.2	9.2	4.5	3.0	6.0	4.4
	豫	8.3	9.5	1.5	2.6	26.5	26.4	6.6	8.0	3.7	4.5	4.1	2.8
	总	24.4	25.2	2.3	3.4	60.0	58.3	33.0	30.1	13.7	11.4	18.0	13.6
东北	内蒙古	3.2	4.5	0.3	0.3	0.9	1.2	7.7	10.1	3.5	6.7	5.6	6.0
	辽	3.5	2.9	2.2	2.2	0.1	0.0	7.8	5.4	4.2	1.8	3.2	2.3
	吉	5.2	5.8	2.0	2.8	0.1	—	13.9	12.7	9.8	3.1	3.2	3.7
	黑	5.8	10.3	5.2	10.9	0.5	0.4	7.2	15.5	36.4	37.9	4.6	3.0
	总	17.7	23.5	9.7	16.2	1.5	1.6	36.6	43.7	53.9	49.5	16.6	15.1
东南	沪	0.2	0.2	0.5	0.4	0.1	0.1	0.0	0.0	0.1	—	0.1	0.2
	苏	5.7	5.8	8.7	9.3	7.0	9.2	1.7	1.1	3.7	3.9	3.9	2.8
	浙	1.8	1.2	4.0	2.9	0.2	0.2	0.2	0.1	1.7	2.0	1.5	1.8
	闽	1.7	1.1	3.3	2.4	0.0	0.0	0.1	0.1	1.2	1.4	3.0	2.8
	粤	3.3	2.2	7.3	5.3	0.0	—	0.5	0.4	1.0	1.3	3.6	3.7
	琼	0.5	0.3	0.9	0.8	0.0	—	0.1	—	0.1	0.1	1.0	0.7
	总	13.3	10.8	24.7	21.0	7.4	9.6	2.5	1.7	7.8	8.7	13.1	11.9

续表

地区	省份	粮食		稻谷		小麦		玉米		大豆		其他	
		2003 年	2014 年	2003 年	2014 年	2003 年	2014 年	2003 年	2014 年	2003 年	2014 年	2003 年	2014 年
华中	皖	5.1	5.6	6.0	6.8	7.4	11.0	2.2	2.2	6.5	9.5	4.7	1.0
	赣	3.4	3.5	8.5	9.8	0.0	0.0	0.1	0.1	1.2	1.9	1.2	1.7
	鄂	4.5	4.3	8.3	8.4	1.9	3.3	1.4	1.4	2.9	2.0	3.9	2.5
	湘	5.7	4.9	12.9	12.8	0.2	0.1	1.1	0.9	2.6	1.8	3.6	3.2
	总	18.6	18.4	35.7	37.7	9.6	14.5	4.9	4.5	13.2	15.1	13.4	8.4
西南	桂	3.4	2.5	7.5	5.6	0.0	—	1.4	1.2	2.3	1.1	1.2	1.9
	渝	2.5	1.9	3.1	2.4	1.0	0.2	1.8	1.2	0.6	1.7	5.5	7.3
	川	7.1	5.6	9.2	7.4	4.9	3.4	4.5	3.5	3.0	4.3	11.3	13.4
	黔	2.6	1.9	2.9	2.0	0.9	0.5	2.8	1.5	1.1	1.0	4.4	7.5
	滇	3.4	3.1	4.0	3.2	1.4	0.7	3.5	3.4	1.0	2.8	5.7	7.2
	藏	0.2	0.2	—	—	0.3	0.2	0.0	0.0	0.0	—	1.3	1.5
	总	19.2	15.1	26.6	20.7	8.5	4.9	13.9	10.8	8.1	10.8	29.5	38.7
西北	陕	2.2	2.0	0.5	0.4	4.6	3.3	3.2	2.5	1.0	1.5	2.1	2.8
	甘	1.8	1.9	0.0	0.0	3.2	2.2	2.1	2.6	0.9	1.4	4.9	6.5
	青	0.2	0.2	—	—	0.4	0.3	—	0.1	—	—	1.0	1.1
	宁	0.6	0.6	0.2	0.3	0.9	0.3	1.0	1.0	0.1	0.1	0.7	1.1
	新	1.8	2.3	0.3	0.4	4.0	5.1	2.7	3.0	1.3	1.4	0.8	0.8
	总	6.7	7.0	1.0	1.1	13.0	11.1	9.1	9.2	3.3	4.4	9.4	12.3

资料来源：根据《中国粮食年鉴》（历年）整理计算。

附表 5　中国不同地区粮食播种面积的变动（2003/2014 年）

单位：百万公顷

地区	省份	粮食		稻谷		小麦		玉米		大豆		其他	
		2003 年	2014 年	2003 年	2014 年	2003 年	2014 年	2003 年	2014 年	2003 年	2014 年	2003 年	2014 年
华北	京	0.1	0.1	0.0	0.0	0.0	0.0	0.1	0.1	0.0	0.0	0.0	0.0
	津	0.3	0.3	0.0	0.0	0.1	0.1	0.1	0.2	0.0	0.0	0.0	0.0
	冀	5.9	6.3	0.1	0.1	2.2	2.3	2.5	3.2	0.3	0.1	0.9	0.6
	晋	2.8	3.3	0.0	0.0	0.7	0.7	0.9	1.7	0.2	0.2	1.0	0.7
	鲁	6.4	7.4	0.1	0.1	3.1	3.7	2.4	3.1	0.3	0.1	0.5	0.3
	豫	8.9	10.2	0.5	0.6	4.8	5.4	2.4	3.3	0.5	0.4	0.7	0.5
	总	24.5	27.7	0.7	0.9	10.9	12.3	8.4	11.5	1.3	0.9	3.2	2.1

续表

地区	省份	粮食		稻谷		小麦		玉米		大豆		其他	
		2003 年	2014 年	2003 年	2014 年	2003 年	2014 年	2003 年	2014 年	2003 年	2014 年	2003 年	2014 年
东北	内蒙古	4.1	5.7	0.1	0.1	0.3	0.6	1.6	3.4	0.7	0.5	1.4	1.1
	辽	2.7	3.2	0.5	0.6	0.0	0.0	1.4	2.3	0.3	0.1	0.5	0.2
	吉	4.0	5.0	0.5	0.7	0.0	0.0	2.6	3.7	0.4	0.2	0.4	0.3
	黑	8.1	11.7	1.3	3.2	0.2	0.1	2.1	5.4	3.4	2.6	1.2	0.3
	总	18.9	25.6	2.4	4.6	0.6	0.7	7.7	14.8	4.8	3.4	3.4	2.0
东南	沪	0.1	0.2	0.1	0.1	0.0	0.0	0.0	0.0	0.0	—	0.0	0.0
	苏	4.7	5.4	1.8	2.3	1.6	2.2	0.5	0.4	0.2	0.2	0.5	0.3
	浙	1.4	1.3	1.0	0.8	0.1	0.1	0.1	0.1	0.1	0.1	0.2	0.2
	闵	1.5	1.2	1.0	0.8	0.0	0.0	0.0	0.0	0.1	0.1	0.4	0.3
	粤	2.8	2.5	2.1	1.9	0.0	0.0	0.1	0.2	0.1	0.1	0.4	0.4
	琼	0.5	0.4	0.3	0.3	—	—	0.0	—	0.0	0.0	0.2	0.1
	总	11.0	10.9	6.4	6.2	1.7	2.3	0.7	0.7	0.5	0.4	1.7	1.3
华中	皖	6.2	6.6	2.0	2.2	2.0	2.4	0.6	0.9	0.9	0.9	0.7	0.3
	赣	3.1	3.7	2.7	3.3	0.0	0.0	0.0	0.0	0.1	0.1	0.2	0.2
	鄂	3.6	4.4	1.8	2.1	0.6	1.1	0.3	0.6	0.2	0.1	0.6	0.4
	湘	4.5	5.0	3.4	4.1	0.1	0.0	0.3	0.3	0.2	0.1	0.5	0.4
	总	17.3	19.7	9.9	11.8	2.7	3.6	1.3	1.9	1.4	1.1	2.1	1.3
西南	桂	3.5	3.1	2.4	2.0	0.0	0.0	0.5	0.6	0.3	0.1	0.3	0.4
	渝	2.5	2.2	0.8	0.7	0.3	0.1	0.5	0.5	0.1	0.1	0.9	0.9
	川	6.4	6.5	2.0	2.0	1.3	1.2	1.2	1.4	0.2	0.2	1.7	1.7
	黔	8.1	11.7	1.3	3.2	0.2	0.1	2.1	5.4	3.4	2.6	1.2	0.3
	滇	4.1	4.5	1.0	1.1	0.6	0.4	1.1	1.5	0.1	0.1	1.3	1.3
	藏	0.2	0.2	0.0	0.0	0.0	0.0	0.0	0.0	0.0	0.0	0.1	0.1
	总	24.7	28.2	7.5	9.1	2.5	1.9	5.3	9.4	4.0	3.1	5.4	4.7
西北	陕	3.1	3.1	0.1	0.1	1.2	1.1	0.9	1.2	0.3	0.1	0.5	0.6
	甘	2.5	2.8	0.0	0.0	1.0	0.8	0.5	1.0	0.1	0.1	1.0	1.0
	青	0.2	0.3	—	—	0.1	0.1	—	0.0	—	—	0.1	0.2
	宁	0.8	0.8	0.0	0.1	0.3	0.1	0.2	0.3	0.0	0.0	0.2	0.3
	新	1.4	2.3	0.1	0.1	0.7	1.1	0.5	0.9	0.1	0.1	0.1	0.1
	总	8.1	9.2	0.3	0.3	3.3	3.2	2.1	3.4	0.5	0.3	2.0	2.1

资料来源：根据《中国粮食年鉴》（历年）整理计算。

附表 6 中国不同地区粮食播种面积占比的变化（2003/2014 年） 单位:%

地区	省份	粮食		稻谷		小麦		玉米		大豆		其他	
		2003 年	2014 年	2003 年	2014 年	2003 年	2014 年	2003 年	2014 年	2003 年	2014 年	2003 年	2014 年
华北	京	0.1	0.1	0.0	0.0	0.2	0.1	0.3	0.2	0.2	0.1	0.1	0.0
	津	0.3	0.3	0.0	0.1	0.4	0.5	0.5	0.5	0.3	0.1	0.1	0.1
	冀	6.0	5.6	0.3	0.3	10.0	9.7	10.3	8.5	3.0	1.8	5.2	4.2
	晋	2.9	2.9	0.0	0.0	3.3	2.8	3.8	4.5	2.2	2.8	5.6	5.2
	鲁	6.5	6.6	0.4	0.4	14.1	15.5	10.0	8.4	3.1	2.2	2.9	2.1
	豫	9.0	9.1	1.9	2.1	21.8	22.5	9.9	8.8	5.4	5.9	4.1	3.3
	总	24.7	24.6	2.7	2.9	49.7	51.1	34.9	31.1	14.2	12.9	18.0	14.8
东北	内蒙古	4.1	5.0	0.3	0.3	1.4	2.3	6.6	9.1	7.5	7.4	7.9	7.9
	辽	2.8	2.9	1.9	1.9	0.1	0.0	6.0	6.3	3.3	1.6	2.8	1.6
	吉	4.0	4.4	2.0	2.5	0.1	0.0	10.9	10.0	4.6	3.1	2.2	2.4
	黑	8.2	10.4	4.9	10.6	1.0	0.6	8.5	14.7	36.4	37.9	6.6	2.3
	总	19.0	22.7	9.1	15.2	2.7	3.0	32.0	40.0	51.8	50.0	19.4	14.1
东南	沪	0.1	0.1	0.4	0.3	0.1	0.2	0.0	0.0	0.1	—	0.1	0.1
	苏	4.7	4.8	6.9	7.5	7.4	9.0	1.9	1.2	2.6	3.0	2.9	2.1
	浙	1.4	1.1	3.7	2.7	0.3	0.3	0.2	0.2	1.3	1.3	1.2	1.4
	闽	1.5	1.1	3.6	2.7	0.0	0.0	0.2	0.1	1.0	1.0	2.1	1.9
	粤	2.8	2.2	8.0	6.2	0.0	0.0	0.6	0.5	0.8	0.9	2.4	2.6
	琼	0.5	0.3	1.3	1.0	—	—	0.1	—	0.1	0.0	1.0	0.5
	总	11.1	9.7	24.0	20.5	7.9	9.5	2.9	2.0	5.8	6.3	9.6	8.7
华中	皖	6.2	5.9	7.4	7.3	9.1	10.1	2.6	2.3	9.2	12.5	3.9	1.9
	赣	3.1	3.3	10.1	11.0	0.1	0.0	0.1	0.1	1.3	1.5	1.2	1.5
	鄂	3.6	3.9	6.8	7.1	2.7	4.5	1.4	1.7	2.1	1.5	3.5	2.8
	湘	4.6	4.4	12.9	13.6	0.4	0.1	1.2	0.9	2.1	1.4	3.1	2.7
	总	17.4	17.5	37.2	39.0	12.4	14.8	5.3	5.0	14.7	16.9	11.8	8.9
西南	桂	3.5	2.7	8.9	6.7	0.1	0.0	2.2	1.6	2.8	1.5	1.8	2.5
	渝	2.5	2.0	2.8	2.3	1.5	0.4	1.9	1.3	0.9	1.5	4.9	6.2
	川	6.4	5.7	7.7	6.6	6.0	4.9	4.8	3.7	2.2	3.3	9.5	11.8
	黔	3.0	2.8	2.7	2.3	2.2	1.0	2.9	2.1	1.4	1.9	5.8	8.9
	滇	4.1	4.0	3.9	3.8	2.6	1.8	4.4	4.1	1.2	1.8	7.3	8.9
	藏	0.2	0.2	0.0	0.0	0.2	0.2	0.0	0.0	0.0	0.0	0.8	0.9
	总	19.7	17.4	26.1	21.6	12.4	8.2	16.2	12.8	8.4	10.0	30.0	39.2

续表

地区	省份	粮食		稻谷		小麦		玉米		大豆		其他	
		2003 年	2014 年	2003 年	2014 年	2003 年	2014 年	2003 年	2014 年	2003 年	2014 年	2003 年	2014 年
西北	陕	3.1	2.7	0.5	0.4	5.6	4.5	3.9	3.1	3.3	1.7	2.8	4.2
	甘	2.5	2.5	0.0	0.0	4.4	3.3	2.0	2.7	0.9	1.3	5.5	6.6
	青	0.2	0.2	—	—	0.5	0.4	—	0.1	—	—	0.8	1.1
	宁	0.8	0.7	0.2	0.3	1.5	0.5	0.7	0.8	0.2	0.2	1.4	1.8
	新	1.4	2.0	0.3	0.2	3.0	4.7	1.9	2.5	0.7	0.9	0.6	0.5
	总	8.1	8.2	1.0	0.9	14.9	13.4	8.7	9.1	5.1	4.0	11.1	14.3

注：表中分别给出了不同省份粮食和主要粮食作物播种面积占全国粮食及主要粮食作物总播种面积的比重。

资料来源：根据《中国粮食年鉴》（历年）整理计算。

附表 7　中国不同地区粮食单产的变化（2003/2014 年）　　单位：吨/亩

地区	省份	粮食		稻谷		小麦		玉米		大豆		其他	
		2003 年	2014 年	2003 年	2014 年	2003 年	2014 年	2003 年	2014 年	2003 年	2014 年	2003 年	2014 年
华北	京	0.3	0.4	0.4	0.3	0.3	0.3	0.3	0.4	0.1	0.1	0.2	0.2
	津	0.3	0.3	0.5	0.5	0.3	0.4	0.3	0.3	0.1	0.1	0.3	0.2
	冀	0.3	0.4	0.4	0.4	0.3	0.4	0.3	0.4	0.1	0.1	0.2	0.2
	晋	0.2	0.3	0.3	0.4	0.2	0.3	0.3	0.4	0.1	0.1	0.1	0.1
	鲁	0.4	0.4	0.5	0.6	0.3	0.4	0.4	0.4	0.2	0.2	0.4	0.5
	豫	0.3	0.4	0.3	0.5	0.3	0.4	0.2	0.4	0.1	0.1	0.2	0.2
	总	1.7	2.1	2.4	2.8	1.8	2.2	1.9	2.2	0.7	0.6	1.4	1.4
东北	内蒙古	0.2	0.3	0.4	0.4	0.2	0.2	0.4	0.4	0.1	0.1	0.1	0.2
	辽	0.4	0.4	0.5	0.5	0.2	0.3	0.4	0.3	0.1	0.1	0.2	0.3
	吉	0.4	0.5	0.4	0.5	0.2	0.2	0.4	0.5	0.2	0.1	0.3	0.3
	黑	0.2	0.4	0.4	0.5	0.1	0.2	0.3	0.4	0.1	0.1	0.1	0.3
	总	1.2	1.5	1.7	2.0	0.7	0.9	1.5	1.7	0.5	0.5	0.8	1.1
东南	沪	0.4	0.5	0.5	0.6	0.2	0.3	0.5	0.4	0.2	—	0.3	0.3
	苏	0.4	0.4	0.5	0.6	0.3	0.4	0.3	0.4	0.2	0.2	0.3	0.3
	浙	0.4	0.4	0.4	0.5	0.2	0.3	0.3	0.3	0.2	0.2	0.2	0.3
	闵	0.3	0.4	0.4	0.4	0.2	0.2	0.2	0.3	0.1	0.2	0.3	0.3
	粤	0.3	0.4	0.4	0.4	0.2	0.2	0.3	0.3	0.1	0.2	0.3	0.3
	琼	0.3	0.3	0.3	0.3	—	—	0.2	—	0.1	0.1	0.2	0.3
	总	2.1	2.3	2.5	2.7	1.1	1.3	1.7	1.7	0.9	0.8	1.6	1.7

续表

地区	省份	粮食		稻谷		小麦		玉米		大豆		其他	
		2003年	2014年	2003年	2014年	2003年	2014年	2003年	2014年	2003年	2014年	2003年	2014年
华中	皖	0.2	0.3	0.3	0.4	0.2	0.4	0.3	0.4	0.1	0.1	0.2	0.1
	赣	0.3	0.4	0.3	0.4	0.1	0.1	0.2	0.3	0.1	0.2	0.2	0.2
	鄂	0.4	0.4	0.5	0.5	0.2	0.3	0.3	0.3	0.2	0.2	0.2	0.2
	湘	0.4	0.4	0.4	0.4	0.1	0.2	0.3	0.4	0.1	0.1	0.2	0.3
	总	1.3	1.5	1.6	1.8	0.6	1.0	1.1	1.3	0.5	0.6	0.9	0.8
西南	桂	0.3	0.3	0.3	0.4	0.1	0.1	0.2	0.3	0.1	0.1	0.1	0.2
	渝	0.3	0.3	0.4	0.5	0.2	0.2	0.3	0.4	0.1	0.1	0.2	0.3
	川	0.3	0.3	0.5	0.5	0.2	0.2	0.3	0.4	0.2	0.2	0.2	0.2
	黔	0.2	0.4	0.4	0.5	0.1	0.2	0.3	0.4	0.1	0.1	0.1	0.3
	滇	0.2	0.3	0.4	0.4	0.1	0.1	0.2	0.3	0.1	0.2	0.2	0.2
	藏	0.3	0.4	0.4	0.3	0.4	0.4	0.3	0.4	0.3	—	0.3	0.4
	总	1.7	2.0	2.5	2.6	1.2	1.3	1.6	2.1	0.8	0.7	1.2	1.5
西北	陕	0.2	0.3	0.4	0.5	0.2	0.3	0.3	0.3	0.0	0.1	0.1	0.1
	甘	0.2	0.3	0.5	0.5	0.2	0.2	0.3	0.4	0.1	0.1	0.2	0.2
	青	0.2	0.2	—	—	0.2	0.3	—	0.5	—	—	0.2	0.2
	宁	0.2	0.3	0.5	0.5	0.2	0.2	0.5	0.5	0.1	0.1	0.1	0.1
	新	0.4	0.4	0.5	0.7	0.3	0.4	0.5	0.5	0.2	0.2	0.3	0.4
	总	1.2	1.5	1.9	2.2	1.1	1.3	1.5	2.1	0.4	0.5	0.9	1.0

资料来源：根据《中国粮食年鉴》（历年）整理计算。

附表8　中国城乡居民主要食物人均消费量的变动（1990～2012年）

年份	粮食		肉类		蛋类		奶类		水产品		植物油		蔬菜	
	城镇	农村	城镇	农村	城镇	农村	城镇	农村	城镇	农村	城镇	农村	城镇	农村
1990	130.7	184.8	25.2	12.6	7.3	2.0	4.6	1.1	7.7	2.1	6.4	3.5	138.7	134.0
1991	127.9	180.2	26.6	13.5	8.3	2.7	4.7	1.3	8.0	2.2	6.9	3.9	132.2	127.0
1992	111.5	176.6	26.5	13.4	9.5	2.9	5.5	1.5	8.2	2.3	6.7	4.1	124.9	129.1
1993	97.8	177.5	26.0	13.3	8.9	2.9	5.4	0.9	8.0	2.8	7.1	4.1	120.6	107.4

续表

年份	粮食		肉类		蛋类		奶类		水产品		植物油		蔬菜	
	城镇	农村	城镇	农村	城镇	农村	城镇	农村	城镇	农村	城镇	农村	城镇	农村
1994	101.7	181.6	24.3	12.6	9.7	3.0	5.3	0.7	8.5	3.0	7.5	4.1	120.7	107.9
1995	97.0	180.6	25.4	13.1	9.7	3.2	4.6	0.6	9.2	3.4	7.1	4.3	116.5	104.6
1996	94.7	180.6	25.8	14.9	9.6	3.4	4.8	0.8	—	3.7	7.1	4.5	118.5	106.3
1997	88.6	176.7	25.5	15.2	11.1	4.1	5.1	1.0	—	3.8	7.2	4.7	113.3	107.2
1998	86.7	175.5	25.5	15.5	10.2	4.1	6.2	0.9	—	3.7	7.6	4.6	113.8	109.0
1999	84.9	174.5	26.7	16.4	10.9	4.3	7.9	1.0	10.3	3.8	7.8	4.6	114.9	108.9
2000	82.3	176.4	27.4	17.2	11.2	4.8	9.9	1.1	11.7	3.9	8.2	5.5	114.7	106.7
2001	79.7	168.2	26.5	17.5	10.4	4.7	11.9	1.2	—	4.1	8.1	5.5	115.9	109.3
2002	78.5	166.7	32.5	17.8	10.6	4.7	15.7	1.2	13.2	4.4	8.5	5.8	116.5	110.6
2003	79.5	156.8	32.9	18.3	11.2	4.8	18.6	1.7	13.4	4.7	9.2	5.3	118.3	107.4
2004	78.2	153.9	29.3	17.9	10.4	4.6	18.8	2.0	12.5	4.5	9.3	4.3	122.3	106.6
2005	77.0	147.3	32.9	20.8	10.4	4.7	17.9	2.9	12.6	4.9	9.3	4.9	118.6	102.3
2006	75.9	144.9	32.1	20.6	10.4	5.0	18.3	3.1	13.0	5.0	9.4	4.7	117.6	100.5
2007	78.7	140.6	31.8	18.8	10.3	4.7	17.8	3.5	14.2	5.4	9.6	5.1	117.8	99.0
2008	63.6	140.4	31.2	18.3	10.7	5.4	15.2	3.4	11.9	5.2	10.3	5.4	123.2	99.7
2009	81.3	133.5	34.7	19.6	10.6	5.3	14.9	3.6	12.2	5.3	9.7	5.4	120.5	98.4
2010	81.5	127.9	34.7	20.0	10.0	5.1	14.0	3.6	15.2	5.2	8.8	5.5	116.1	93.3
2011	80.7	120.3	34.0	20.8	10.1	5.4	13.7	5.2	14.6	5.4	9.3	6.6	114.6	89.4
2012	78.8	115.8	35.7	20.9	10.5	5.9	14.0	5.3	15.2	5.4	9.1	6.9	112.3	84.7

注：①粮食：农村居民的粮食消费数据 = 原粮 ×（小麦出粉率 + 稻谷出米率）/2，其中出粉率设为67.45%，出米率设为73.5%；②肉类：猪肉 + 牛羊肉 + 禽类；③蛋类：城镇为鲜蛋，农村为禽蛋及制品；④奶类：城镇为鲜奶，农村为奶及奶制品；⑤水产品：城镇2008年、2009年购买量只包括鱼和虾的购买量，不包括其他水产品及制品的购买量；⑥蔬菜：城镇为鲜菜；⑦表中数据仅包括居民购买回家消费的情况，并没有考虑外食或在外就餐情况。

资料来源：根据《中国住户调查年鉴》（历年）数据整理计算。

附表9　中国主要农产品的产量、净进口量、期末库存量及库存/使用比的变化（2000～2015）

单位：百万吨

年份	稻谷				小麦				玉米				大豆			
	产量	净进口量	期末库存量	库存—使用比	产量	净进口量	期末库存量	库存—使用比	产量	净进口量	期末库存量	库存—使用比	产量	净进口量	期末库存量	库存—使用比
2000	131.5	-1.6	93	69%	99.6	-0.4	91.9	83%	106	-7.2	102.4	85%	15.4	13	4.9	18%
2005	126.4	-0.6	36.8	29%	97.4	-0.3	34.5	34%	139.4	-3.7	35.3	26%	16.4	28	4.6	10%
2006	127.2	-0.9	35.9	28%	108.5	-2.4	38.6	38%	151.6	-5.3	36.6	25%	15.1	28.3	1.8	4%
2007	130.2	-0.7	37.8	30%	109.3	-2.8	39.1	37%	152.3	-0.5	38.4	26%	12.7	37.4	2.5	5%
2008	134.3	-0.4	38.5	29%	112.5	-0.2	45.8	43%	165.9	-0.1	51.2	33%	15.5	40.7	7.5	15%
2009	136.6	-0.3	40.5	30%	115.1	0.5	54.4	51%	164	1.1	51.3	31%	15	50.2	13.2	22%
2010	137	0.1	42.6	32%	115.2	0	59.1	53%	177.2	0.9	49.4	27%	15.1	52.1	14.5	22%
2011	140.7	2.6	45	32%	117.4	2	55.9	46%	192.8	5.1	59.3	32%	14.5	59	15.9	22%
2012	143	3.1	49.8	35%	121	2	54	43%	205.6	2.6	67.6	34%	13.1	59.6	12.4	16%
2013	142.5	4.1	53.1	37%	121.9	5.9	65.3	56%	218.5	3.3	81.3	39%	12	70.1	13.9	17%
2014	144.6	4.9	57.4	40%	126.2	1.1	76.1	65%	215.6	5.5	100.5	50%	12.2	78.2	17	20%
2015	145.8	4.7	63.2	44%	130.2	2.7	97	87%	224.6	3.1	110.7	51%	11.6	82.4	16	17%

资料来源：美国农业部 USDAPSD online，https：//apps. fas. usda. gov/psdonline/app/index. html#/app/downloads，2016年8月。

附表10　中国主要粮食品种自给率变动情况（1992～2015年）

单位：%

年份	粮食	谷物	稻谷	小麦	玉米	大豆
1992	100.5	100.1	100.5	90.6	90.2	100.0
1993	100.3	100.0	100.0	100.0	100.0	100.0
1994	100.9	100.4	100.6	93.2	109.7	100.0
1995	96.0	95.4	99.1	89.8	95.7	100.0
1996	98.1	97.8	99.7	93.1	99.8	100.0
1997	100.3	100.9	100.3	98.5	106.8	84.6
1998	100.4	101.1	101.8	98.7	103.5	83.4
1999	100.1	100.9	101.3	99.6	103.4	77.6
2000	100.1	102.7	101.5	99.3	110.8	60.2
2001	97.9	101.4	100.9	100.0	105.5	52.9
2002	100.0	103.1	101.0	100.4	110.6	59.9
2003	99.6	105.6	101.5	102.4	116.5	42.9

续表

年份	粮食	谷物	稻谷	小麦	玉米	大豆
2004	94.5	98.8	100.1	93.7	101.8	46.7
2005	95.2	100.9	100.1	97.1	106.6	38.4
2006	94.4	100.6	100.3	100.8	102.0	35.1
2007	95.1	101.9	100.5	102.8	103.3	29.5
2008	93.4	100.1	100.3	100.2	100.1	29.6
2009	91.6	99.6	100.2	99.4	100.0	26.2
2010	89.5	99.1	100.1	99.2	99.2	21.6
2011	90.3	99.2	100.0	99.2	99.2	21.6
2012	88.4	97.6	99.0	97.3	97.6	18.4
2013	87.8	97.6	99.1	95.9	98.6	15.9
2014	86.1	96.7	99.0	97.8	98.8	14.6
2015	83.5	94.7	98.5	97.8	97.9	12.6

注：自给率 = 产量/（产量 + 进口 - 出口）×100%。

资料来源：根据《中国农村统计年鉴》、《中国粮食年鉴》（历年）相关数据整理计算。

附表 11　中国主要农产品的进口关税与进口关税配额　单位:%；万吨

品种	关税/配额外税率	配额内税率	最终配额量
小麦	65	1～10	963.60
大米	65	1，9	532.00
玉米	65	1～10	720.00
食糖	50	15	194.50
棉花	40	1	89.40
羊毛	38	1	28.70
毛条	38	3	8.00
植物油	9	—	—
油菜籽	9	—	—
大豆	3	—	—
大麦	3	—	—
猪肉	12，20	—	—
牛肉	12～25	—	—
羊肉	12～23	—	—
禽肉	15，20	—	—

续表

品种	关税/配额外税率	配额内税率	最终配额量
乳制品	6~20	—	—
马铃薯	13	—	—
香蕉	10	—	—
柑橘	12	—	—
苹果	10	—	—
橙汁	7.5，30	—	—
苹果汁	20	—	—
蔬菜	7-25	—	—

注：①此表中税率数据全部为从价税；②2002~2004 年为我国入世过渡期，进口配额量每年发生变动；2005 年以后过渡期结束，进口配额量不再发生变化，此表所列进口配额数据为 2005 年过渡期结束后的最终配额量。

资料来源：根据《中国海关统计年鉴》和《中华人民共和国进出口税则》相关数据计算整理。

附表 12　中国主要粮食产品进口配额完成情况　　单位：万吨;%

年份	稻谷			小麦			玉米		
	进口	配额量	配额完成比	进口	配额量	配额完成比	进口	配额量	配额完成比
2002	23.6	846.8	7.46	63.2	399	5.91	0.8	585	0.14
2003	25.7	865.2	5.17	44.7	378.15	6.80	0.1	652.5	0.02
2004	75.6	532	14.21	725.8	963.6	75.32	0.2	720	0.03
2005	51.4	963.6	36.73	353.9	532	9.66	0.4	720	0.06
2006	71.9	963.6	6.36	61.3	532	13.52	6.5	720	0.90
2007	48.8	963.6	1.05	10.1	532	9.17	3.5	720	0.49
2008	33	963.6	0.45	4.3	532	6.20	5	720	0.69
2009	35.7	963.6	9.38	90.4	532	6.71	8.4	720	1.17
2010	38.8	963.6	12.78	123.1	532	7.29	157.3	720	21.85
2011	59.8	963.6	13.06	125.8	532	11.24	175.4	720	24.36
2012	236.9	963.6	38.41	370.1	532	44.53	520.8	720	72.33
2013	227.1	963.6	57.44	553.5	532	42.69	326.6	720	45.36

续表

年份	稻谷			小麦			玉米		
	进口	配额量	配额完成比	进口	配额量	配额完成比	进口	配额量	配额完成比
2014	257.9	963.6	31.17	300.4	532	48.48	259.9	720	36.10
2015	337.7	963.6	31.21	300.7	532	63.48	473	720	65.69

注：①配额完成比为进口量除以进口配额量所得；②2002~2004 年为我国入世过渡期，进口配额量每年发生变动；2005 年以后过渡期结束，进口配额量不再发生变化。

资料来源：根据《中国农村统计年鉴》、《中国粮食年鉴》和《中国海关年鉴》（历年）数据整理计算。

附表 13　中国主要粮食产品国内与国际市场年度平均价格的比较（2000~2015 年）

单位：美元/公斤

年份	大米			小麦			玉米			大豆		
	国内	国际	国内/国际比率	国内	国际	国内/国际比率	国内	国际	国内/国际比率	国内	国际	国内/国际比率
2000	—	0.2	—	0.12	0.11	1.08	0.11	0.09	1.2	0.3	0.21	1.44
2001	—	0.17	—	0.13	0.13	1.04	0.13	0.09	1.45	0.29	0.2	1.5
2002	0.23	0.19	1.21	0.13	0.15	0.86	0.12	0.1	1.25	0.29	0.21	1.35
2003	0.24	0.2	1.23	0.14	0.15	0.94	0.14	0.11	1.3	0.36	0.26	1.35
2004	0.34	0.24	1.44	0.18	0.16	1.17	0.17	0.11	1.51	0.47	0.31	1.53
2005	0.36	0.29	1.25	0.18	0.15	1.21	0.16	0.1	1.61	0.44	0.27	1.59
2006	0.38	0.3	1.25	0.18	0.19	0.96	0.17	0.12	1.4	0.44	0.27	1.62
2007	0.43	0.33	1.3	0.21	0.26	0.82	0.21	0.16	1.26	0.54	0.38	1.4
2008	0.49	0.65	0.75	0.26	0.33	0.79	0.25	0.22	1.12	0.8	0.52	1.53
2009	0.53	0.55	0.96	0.28	0.22	1.26	0.26	0.17	1.55	0.71	0.44	1.63
2010	0.62	0.49	1.28	0.3	0.22	1.36	0.3	0.19	1.62	0.76	0.45	1.7
2011	0.74	0.54	1.36	0.35	0.32	1.1	0.35	0.29	1.2	0.86	0.54	1.59
2012	0.8	0.56	1.43	0.37	0.31	1.19	0.38	0.3	1.27	0.93	0.59	1.57
2013	0.84	0.51	1.66	0.4	0.31	1.29	0.39	0.26	1.49	1	0.54	1.87
2014	0.87	0.42	2.05	0.42	0.28	1.48	0.4	0.19	2.1	1.03	0.49	2.1
2015	0.87	0.39	2.23	0.4	0.2	2	0.38	0.17	2.24	0.99	0.39	2.54

注：国内/国际比率代表国内价格是国际价格的倍数。

资料来源：主要粮食产品国内市场价格年度平均数据均来源于《中国农产品价格调查年鉴》（历年）；国际市场价格年度平均数据来源于世界银行网站（http：//www. worldbank. org/en/research/commodity - markets）；人民币对美元的年度平均汇率数据来源于 OECD 网站（https：//data. oecd. org/conversion/exchange - rates. htm）。

附表 14　中国主要农产品国内与国际市场月度平均价格的比较（2013 年 3 月～2015 年 12 月）

单位：元/斤;%

年份	大米			小麦			玉米			大豆		
	国内	国际	国际比国内高	国内	国际	国际比国内高	国内	国际	国际比国内高	国内	国际	国际比国内高
2013 年												
3 月	2.07	2.21	6.80	1.34	1.38	3.00	1.24	1.34	7.90	2.49	2.28	-8.40
4 月	2.06	2.13	3.40	1.34	1.38	3.00	1.23	1.22	-0.60	2.47	2.23	-9.70
5 月	2.02	2.11	4.50	1.34	1.40	4.50	1.22	1.27	4.40	2.44	2.22	-9.00
6 月	1.98	2.03	2.50	1.34	1.33	-0.70	1.23	1.26	1.80	2.38	2.24	-5.90
7 月	1.97	1.95	-1.00	1.33	1.32	-0.80	1.24	1.19	-4.50	2.35	2.08	-11.50
8 月	1.97	1.90	-3.60	1.34	1.32	-1.50	1.24	0.99	-20.20	2.32	2.06	-11.20
9 月	2.01	1.63	-18.90	1.34	1.32	-1.50	1.23	0.98	-19.90	2.30	2.18	-5.20
10 月	2.03	1.61	-20.70	1.40	1.43	2.10	1.26	0.97	-23.00	2.34	2.29	-2.10
11 月	2.02	1.56	-22.80	1.40	1.37	-2.30	1.24	0.96	-23.00	2.38	2.18	-8.40
12 月	2.04	1.51	-26.00	1.45	1.32	-9.10	1.23	0.94	-24.10	2.42	2.16	-10.70
2014 年												
1 月	2.02	1.44	-28.70	1.47	1.27	-13.70	1.18	0.94	-19.90	2.39	2.10	-12.10
2 月	2.05	1.44	-29.80	1.47	1.32	-10.40	1.17	0.97	-16.80	2.39	2.07	-13.40
3 月	2.07	1.42	-31.40	1.47	1.44	-2.00	1.18	1.03	-12.70	2.37	1.99	-16.00
4 月	2.07	1.34	-35.30	1.47	1.41	-4.30	1.19	1.05	-11.20	2.34	1.98	-15.40
5 月	2.07	1.34	-35.30	1.47	1.43	-2.90	1.22	1.04	-14.90	2.34	2.00	-14.50
6 月	2.07	1.35	-34.80	1.47	1.35	-7.90	1.27	0.97	-23.70	2.39	2.05	-14.20
7 月	2.10	1.40	-33.30	1.44	1.24	-13.70	1.30	0.85	-34.90	2.44	1.99	-18.40
8 月	—	—	—	—	—	—	—	—	—	—	—	—
9 月	2.08	1.55	-25.50	1.48	1.18	-20.30	1.36	0.86	-36.80	2.50	1.84	-26.40
10 月	2.07	1.57	-24.20	1.48	1.22	-17.40	1.31	0.85	-34.90	2.50	1.83	-26.80
11 月	2.07	1.53	-26.10	1.48	1.19	-19.40	1.24	0.88	-28.70	2.49	1.85	-25.70
12 月	2.06	1.51	-26.70	1.50	1.23	-18.30	1.23	0.91	-26.00	2.47	1.77	-28.30

续表

年份	大米			小麦			玉米			大豆		
	国内	国际	国际比国内高	国内	国际	国际比国内高	国内	国际	国际比国内高	国内	国际	国际比国内高
2015 年												
1 月	2.07	1.50	-27.50	1.53	1.11	-27.50	1.21	0.83	-31.80	2.40	1.66	-30.80
2 月	2.11	1.51	-28.40	1.55	1.04	-32.90	1.21	0.84	-30.40	2.36	1.58	-33.10
3 月	2.08	1.50	-27.90	1.55	1.02	-34.00	1.23	0.79	-35.40	2.33	1.60	-31.30
4 月	2.10	1.45	-31.00	1.55	0.99	-35.80	1.22	0.78	-35.90	2.21	1.60	-27.60
5 月	2.08	1.40	-32.70	1.55	0.96	-38.10	1.26	0.75	-40.40	2.23	1.57	-29.60
6 月	2.08	1.37	-34.10	1.55	0.99	-36.00	1.24	0.75	-39.70	2.23	1.52	-31.80
7 月	2.09	1.41	-32.50	1.47	1.01	-31.20	1.23	0.83	-32.40	2.21	1.52	-31.20
8 月	2.07	1.41	-31.90	1.46	0.98	-32.90	1.24	0.82	-34.00	2.31	1.53	-33.80
9 月	2.07	1.38	-33.30	1.46	0.99	-32.20	1.17	0.82	-30.30	2.34	1.57	-32.90
10 月	2.07	1.38	-33.30	1.38	0.96	-30.30	1.10	0.81	-26.50	2.17	1.52	-30.00
11 月	2.07	1.40	-32.40	1.38	0.94	-31.80	1.07	0.79	-25.70	2.13	1.52	-28.60
12 月	2.07	1.41	-31.90	1.40	0.94	-33.20	1.10	0.80	-27.30	2.10	1.50	-28.60

注：①稻米国内价格指全国晚籼米（标一）批发均价，国际价格指泰国曼谷（25%含碎率）大米到岸税后价格；②小麦国内价格为广州黄埔港优质麦到港价，国际价格为美国墨西哥湾硬红冬麦（蛋白质含量12%）到岸税后价；③玉米国内价格为东北2等黄玉米运到广州黄埔港的平仓价，国际价格为美国墨西哥湾2级黄玉米（蛋白质含量12%）运到黄埔港的到岸税后价；④大豆国内价格为山东国产大豆入厂价，国际价格为青岛港口的进口大豆到岸税后价；⑤表中国际价格数据均为美元对人民币的换算价格，2010年1月以来的美元汇率按当月银行基准价均价计算。

资料来源：根据农业部市场与经济信息司《农产品供需形势分析月报（大宗农产品）》（历月）整理计算。参见农业部农业经济信息日历网站（http：//www.moa.gov.cn/ztzl/nybrl/）。

附表 15　世界主要国家农产品成本核算体系比较

中国	美国	欧盟	巴西
总成本	总成本	总成本	总成本
（一）直接费用	（一）经营成本	（一）经营成本	（一）操作成本
A. 物耗与服务费用	种子	A. 特定成本	A. 可变成本
种子费	肥料	种子	C. 农作成本
化肥费	农药	肥料	C1 - 物耗支出
农家肥费	外包作业	植物保护	种子
农药费	燃料、润滑油和电力	水	肥料

续表

中国	美国	欧盟	巴西
农膜费	修理费	其他特定费用	农药
租赁作业费	排灌费	B. 非特定费用	机械操作
机械作业费	经营费用利息	燃料与润滑油	C2 – 劳动力
排灌费	（二）分摊成本	机械与建筑维修	D. 其他开支
蓄力费	雇工费	外包作业	D1 – 其他费用
燃料动力费	非付酬劳动机会成本	能源	技术援助
技术服务费	农机具折旧费	其他直接费用	生产运输
工具材料费	土地机会成本	（二）间接成本	处理
修理维护费	税和保险	C. 折旧	分类
其他直接费用	农场共同分担费	D. 外部支出合计	存储
B. 人工成本		工资支付	管理费用
自有劳动折价		地租支付	D2 – 税
雇工费		利息支付	E. 财务费用
C. 土地费用		E. 未付家庭项折算	B. 固定成本
自有土地折价		家庭劳动成本	F. 折旧
地租支付		自有资金成本	G. 其他固定成本
（二）间接费用			定期维护
固定资产折旧			固定资本保险
保险费			（二）全要素投入
管理费			土地成本
财务费			
销售费			

注：①中国的农产品成本核算体系中，总成本 = 直接费用 + 间接费用 = 物质服务费用 + 人工成本 + 土地成本 + 间接费用；生产成本 = 物质服务费用 + 人工成本 + 土地成本。②巴西的成本核算体系中，总成本 = 操作成本 + 全要素投入，操作成本 = 可变成本 + 固定成本，可变成本 = 农作成本 + 其他开支 + 财务费用，固定成本 = 折旧 + 其他固定成本。

资料来源：根据《全国农产品成本收益资料汇编》统计年鉴中附录整理所得，美国和欧盟的数据及指标体系分别来自于美国农业部 Agricultural Resource Management Survey（ARMS）网站（https://www.ers.usda.gov/data-products/commodity-costs-and-returns/）和欧盟委员会 Farm Accountancy Data Network（FADN）网站（http://ec.europa.eu/agriculture/rica/）。

附表 16　中美主要粮食产品单位面积生产成本比较　　单位：元/亩

年份	稻谷			小麦			玉米			大豆		
	中国	美国	差距	中国	美国	差距	中国	美国	差距	中国	美国	差距
1998	437.44	960.41	-522.97	357.47	225.89	131.58	356.56	489.42	-132.86	245.77	337.68	-91.91
1999	425.15	951.62	-526.47	351.51	227.19	124.32	337.21	491.93	-154.72	220.64	339.67	-119.03
2000	401.65	789.68	-388.03	352.48	237.73	114.75	330.56	510.42	-179.86	215.24	346.61	-131.37
2001	400.47	810.43	-409.96	323.64	250.72	72.92	327.88	465.32	-137.44	217.58	360.22	-142.64
2002	415.82	799.79	-383.97	342.71	240.15	102.56	351.56	446.45	-94.89	237.27	316.46	-79.19
2003	416.66	838.06	-421.4	339.64	261.73	77.91	347.63	473.59	-125.96	254.65	325.32	-70.67
2004	454.64	889.14	-434.5	355.92	267.47	88.45	375.7	507.83	-132.13	253.05	339.68	-86.63
2005	493.31	949.39	-456.08	389.61	279.9	109.71	392.28	522	-129.72	270.54	356.73	-86.19
2006	518.23	991.06	-472.83	404.77	284.64	120.13	411.77	537.99	-126.22	267.53	360.58	-93.05
2007	555.16	924.75	-369.59	438.61	294.28	144.33	449.70	556.61	-106.91	291.75	419.22	-127.47
2008	665.1	965.98	-300.88	498.55	329.78	168.77	523.45	617.31	-93.86	347.99	440.89	-92.90
2009	683.12	949.01	-265.89	567	325.79	241.21	551.1	615.12	-64.02	378.19	404.91	-26.72
2010	766.63	941	-174.37	618.63	307.72	310.91	632.59	580.25	52.34	431.2	448.19	-16.99
2011	896.98	1006	-109.02	712.28	304.12	408.16	764.23	636.08	128.15	488.77	427.42	61.35
2012	1055.1	1024.83	30.27	830.44	309.8	520.64	924.22	664.38	259.84	578.2	438.05	140.15
2013	1151.11	1058.99	92.12	914.71	318.2	596.51	1012.04	689.82	322.22	625.9	476.68	149.22
2014	1176.55	1030.08	146.47	965.13	318.71	646.42	1063.89	696.84	367.05	667.34	481.07	186.27
2015	1202.12	994.99	207.13	984.3	317.09	667.21	1083.72	694.43	389.29	674.71	487.35	187.36

注：表中“差距”数据为中国的成本数据减去美国成本数据所得。

资料来源：中国粮食生产成本数据来源于《全国农产品成本收益资料汇编》（历年），美国粮食生产成本数据来源于美国农业部经济研究局 USDA - ERS 网站的 Agricultural Resource Management Survey（ARMS），https：//www.ers.usda.gov/data - products/commodity - costs - and - returns/，人民币对美元的年度平均汇率数据来源于 OECD 网站（https：//data.oecd.org/conversion/exchange - rates.htm）。

附表 17　中美主要粮食产品单产的比较　　单位：公斤/亩

年份	稻谷			小麦			玉米			大豆		
	中国	美国	差距	中国	美国	差距	中国	美国	差距	中国	美国	差距
1998	421.9	420.19	-1.71	245.9	185.62	-60.28	383.9	569.09	185.19	129	191.98	62.98
1999	420.6	439.24	18.64	261.3	173.07	-88.23	363.2	564.91	201.71	121.7	178.58	56.88
2000	415.1	504.7	89.6	289.8	168.59	-121.21	350.5	577.46	226.96	121.2	183.05	61.85
2001	427.2	518.15	90.95	261.4	154.69	-106.71	379.4	602.57	223.17	118.6	192.16	73.56
2002	420.4	528.09	107.69	261.9	125.09	-136.81	392.6	560.72	168.12	133.6	178.58	44.98
2003	408.8	533.4	124.6	255.2	182.93	-72.27	368.5	623.49	254.99	119.9	158.89	38.99
2004	450.9	552.98	102.08	339.8	173.61	-166.19	423.6	707.18	283.58	130.2	202.07	71.87
2005	431	531.98	100.98	325.8	178.9	-146.9	422.6	623.49	200.89	132.2	207.96	75.76
2006	436.3	551.03	114.73	351.8	148.86	-202.94	423.5	577.46	153.96	128.4	204.79	76.39
2007	450.2	565.9	115.7	359.9	167.69	-192.21	422.40	598.39	175.99	110.10	201.55	91.45
2008	464.2	538.03	73.83	388.3	185.18	-203.12	457.20	602.57	145.37	139.70	190.12	50.42
2009	462.48	552.98	90.5	378.08	181.14	-196.94	429.94	652.78	222.84	128.79	210.71	81.92
2010	447.75	526.22	78.47	370.02	203.56	-166.46	452.74	606.75	154.01	148.03	209.84	61.81
2011	464.45	541.32	76.87	389.17	170.38	-218.79	472.24	577.46	105.22	146.32	196.44	50.12
2012	478.75	582.87	104.12	382.76	197.28	-185.48	492.55	493.77	1.22	146.68	188.28	41.6
2013	471.67	605.28	133.61	374.32	174.42	-199.9	488.01	652.78	164.77	138.04	192.6	54.56
2014	484.98	597.81	112.83	428.01	165.45	-262.56	499.79	711.37	211.58	143.6	214.3	70.7
2015	492.64	605.28	112.64	420.79	179.8	-240.99	488.81	698.81	210	138.35	214.3	75.95

注：表中"差距"数据为中国的成本数据减去美国成本数据所得。

资料来源：中国粮食生产成本数据来源于《全国农产品成本收益资料汇编》（历年），美国粮食生产成本数据来源于美国农业部经济研究局 USDA－ERS 网站的 Agricultural Resource Management Survey（ARMS），https：//www.ers.usda.gov/data－products/commodity－costs－and－returns/，人民币对美元的年度平均汇率数据来源于 OECD 网站（https：//data.oecd.org/conversion/exchange－rates.htm）。

附表 18 中美主要粮食产品单位质量生产成本比较

单位：元/50 公斤

年份	稻谷			小麦			玉米			大豆		
	中国	美国	差距	中国	美国	差距	中国	美国	差距	中国	美国	差距
1998	49.34	114.28	-64.94	67.75	59.09	8.66	43.12	42.49	0.63	90.06	87.95	2.11
1999	48.02	108.33	-60.31	62.49	63.61	-1.12	42.28	43.07	-0.79	85.7	95.1	-9.4
2000	46	78.23	-32.23	57.58	68.14	-10.56	43.72	43.76	-0.04	84.56	94.68	-10.12
2001	44.61	78.2	-33.59	57.39	78.41	-21.02	40.42	38.33	2.09	86.25	93.73	-7.48
2002	47.13	75.72	-28.59	60.56	92.31	-31.75	41.92	39.56	2.36	84.79	88.6	-3.81
2003	48.69	78.56	-29.87	61.94	69.57	-7.63	44.67	37.71	6.96	102.33	102.37	-0.04
2004	49.06	80.4	-31.34	50.44	75.25	-24.81	42.72	35.67	7.05	93.88	84.05	9.83
2005	55.84	89.23	-33.39	57.33	78.23	-20.9	44.65	41.86	2.79	98.66	85.77	12.89
2006	57.99	89.93	-31.94	55.48	95.61	-40.13	46.9	46.58	0.32	100.32	88.04	12.28
2007	60.32	81.71	-21.39	58.79	87.75	-28.96	51.68	46.51	5.17	129.36	104.00	25.36
2008	70.23	89.77	-19.54	62.23	89.04	-26.81	55.58	51.22	4.36	121.80	115.95	5.85
2009	72.44	85.81	-13.37	73.03	89.93	-16.9	62.21	47.11	15.1	143.4	96.08	47.32
2010	84.04	89.41	-5.37	81.58	75.58	6	67.89	47.82	20.07	142.38	106.8	35.58
2011	95.15	92.92	2.23	89.19	89.25	-0.06	78.91	55.08	23.83	163.4	108.79	54.61
2012	108.65	87.91	20.74	105.6	78.52	27.08	91.55	67.28	24.27	193.37	116.33	77.04
2013	120.34	87.48	32.86	119.48	91.22	28.26	101.07	52.84	48.23	222.39	123.75	98.64
2014	119.78	86.15	33.63	110.53	96.32	14.21	103.86	48.98	54.88	228.21	112.24	115.97
2015	120.45	82.19	38.26	114.41	88.18	26.23	107.55	49.69	57.86	238.86	113.71	125.15

注：表中“差距”数据为中国的成本数据减去美国成本数据所得。

资料来源：中国粮食生产成本数据来源于《全国农产品成本收益资料汇编》（历年），美国粮食生产成本数据来源于美国农业部经济研究局 USDA－ERS 网站的 Agricultural Resource Management Survey（ARMS），https：//www.ers.usda.gov/data－products/commodity－costs－and－returns/，人民币对美元的年度平均汇率数据来源于 OECD 网站（https：//data.oecd.org/conversion/exchange－rates.htm）。

参考文献

[1] Acemoglu, D. Equilibrium Bias of Technology [J]. Econometrica, 2007, 75 (5): 1371 -1409.

[2] Acemoglu, D. Introduction to Economic Growth [J]. Journal of Economic Theory, 2012, 147 (2): 545 -550.

[3] Aigner, D. J.; Lovell, C. A. K. and Schmidt, P. Formulation and Estimation of Stochastic Frontier Production Function Models [J]. Journal of Econometrics, 1977, 6 (1): 21 -37.

[4] Anderson K., Jha S., Nelgen S., et al. Re - examining Policies for Food Security in Asia [J]. Food Security, 2013, 5 (2): 195 -215.

[5] Anderson, K. and Strutt, A. Food Security Policy Options for China: Lessons from Other Countries [J]. Food Policy, 2014, 49: 50 -58.

[6] Assaf, A. G. and Barros, C. Performance Analysis of the Gulf Hotel Industry: A Malmquist Index with Bias Correction [J]. International Journal of Hospitality Management, 2011, 30 (4): 819 - 826.

[7] Baldi, L., Casati, D. Induced Innovation in Italy: An Error Correction Model for the Period 1968 - 2002 [J]. General Information, 2005.

[8] Baležentis, T. Total Factor Productivity in the Lithuanian Family Farms after Accession to the EU: Application of the Bias - corrected Malmquist Indices [J]. Empirica, 2014, 41: 731 - 746.

[9] Barros, C. P. and Weber, W. L. Productivity Growth and Biased Technological Change in UK Airports [J]. Transportation Research Part E: Logistics and Transportation Review, 2009, 45 (4): 642 -653.

[10] Binswanger, H. P. The Measurement of Technical Change Biases with Many Factors of Production [J]. American Economic Review, 1974, 64 (6): 964 -976.

[11] Briec, W. and Peypoch, N. Biased Technical Change and Parallel Neutrality [J]. Journal of Economics, 2007, 92 (3): 281 -292.

[12] Brierley, J. A., Christopher, J., Cowton, C., et al. Research into Product

Costing Practice: A European Perspective [J] . European Accounting Review, 2001, 10 (2): 215 –256.

[13] Brümmer, B. , Glauben, T. and Lu, W. Policy Reform and Productivity Change in Chinese agriculture: A Distance Function Approach [J] . Journal of Development Economics, 2006, 81 (1): 61 –79.

[14] Carletto, C. , Zezza, A. and Banerjee, R. Towards Better Measurement of Household Food Security: Harmonizing Indicators and the Role of Household Surveys [J] . Global Food Security, 2013, 2 (1): 30 –40.

[15] Cater, C. A, Zhong, F. , Zhu, J. Advances in Chinese Agriculture and Its Global Implication [J] . Applied Economic Perspective and Policy, 2012, 34: 1 –36.

[16] Caves, D. W. , Christensen, L. R. , Diewert, W. E. The Economic Theory of Index Numbers and the Measurement of Input, Output, and Productivity [J] . Econometrica, 1982, 50 (6): 1393 – 1414.

[17] Chavas, J. P. , Aliber, M. , Cox, T. L. An Analysis of the Source and Nature of Technical Change: The Case of U. S. Agriculture [J] . Review of Economics & Statistics, 1994, 79 (3): 482 –492.

[18] Chen, P. C. , Yu, M. , Chang, C and Hsu, S. Total Factor Productivity Growth in China's Agricultural Sector [J] . China Economic Review, 2008, 19 (4) : 580 –598.

[19] Chen, Z. Huffman W. E. and Rozelle, S. Farm Technology and Technical Efficiency: Evidence from Four Regions in China [J] . China Economic Review, 2009, 20 (2): 153 –161.

[20] Coelli, T. J. , Rao, D. S. P. and Battese, G. E. An Introduction to Efficiency and Productivity Analysis [M] . Springer Publishers, 2005.

[21] Cowan, B. W. , Lee, D. and Shumway, C. R. The Induced Innovation Hypothesis and U. S. Public Agricultural Research [J] . American Journal of Agricultural Economics, 2015, 97 (3): 727 –742.

[22] Ehnts, Dirk. Book Review: Theory of Economic Development (Schumpeter, 1912) . Int. J. Pluralism and Economics Education, 2015, 6 (3): 309 –312.

[23] Fan, S. and Agcaoili – Sombilla, M. Why Projections on China's Future Food Supply and Demand Differ [J] . Australian Journal of Agricultural and Resource Economics, 1997, 41 (2): 169 –190.

[24] Fan, S. and Brzeska. J. Feeding More People on an Increasingly Fragile Planet: China's Food and Nutrition Security in a National and Global Context [J] .

Journal of Integrative Agriculture, 2014, 13 (6): 1193 - 1205.

[25] Fan, S., Zhang X. B., Dong X. Y., et al. Production and Productivity Growth in Chinese Agriculture: New National and Regional Measures [J]. Economic Development and Cultural Change, 2002, 50 (4): 819 - 838.

[26] Färe, R., Grifell - Tatjé, E., Grosskopf, S. and Knox Lovell, C. A. Biased Technical Change and the Malmquist Productivity Index [J]. The Scandinavian Journal of Economics, 1997, 99 (1): 119 - 127.

[27] Färe, R., Grosskopf, S., Norris, M. and Zhang, Z. Productivity Growth, Technical Progress, and Efficiency Change in Industrialized Countries [J]. American Economic Review, 1994, 84: 66 - 83.

[28] Farsund, A. A., Daugbjerg, C. and Langhelle, O. Food Security and Trade: Reconciling Discourses in the Food and Agriculture Organization and the World Trade Organization, Food Security, 2015, 7 (2): 383 - 391.

[29] FAO. 1983. World Food Security: A Reappraisal of the Concepts and Approaches. Director General's Report. Rome.

[30] FAO. 1996. Rome Declaration on World Food Security and World Food Summit Plan of Action. World Food Summit 13 - 17 November 1996. Rome.

[31] FAO. 2002. The State of Food Insecurity in the World during 2001. Rome.

[32] FAO. 2012. Food and Agriculture Outlook, FAO, Rome.

[33] FAO - OECD. Agricultural Outlook 2013 - 2022. OECD Publishing, July, 29. 2013.

[34] Gautam. M., Yu B. Agricultural Productivity Growth and Drivers: a Comparative Study of China and India [J]. China Agricultural Economic Review, 2015, 7 (4): 573 - 600.

[35] Gong, B. H. and Sickles, R. C. Finite Sample Evidence on the Performance of Stochastic Frontiers and Data Envelopment Analysis Using Panel Data [J]. Journal of Econometrics, 1992, 51 (2): 259 - 282.

[36] Guan, Z., Lansink, A. O., Ittersum, M. V., et al. Integrating Agronomic Principles into Production Function Specification: A Dichotomy of Growth Inputs and Facilitating Inputs [J]. American Journal of Agricultural Economics, 2006, 88: 203 - 214.

[37] Hayami, Y. and Ruttan, V. W. Factor Prices and Technical Change in Agricultural Development: The United States and Japan, 1880 - 1960 [J]. Journal of Political Economy, 1970, 78 (5): 1115 - 1141.

[38] Hayami, Y. and Ruttan, V. W. Induced Innovation in Agricultural Development [J]. Current Eye Research, 1971, 36 (11): 1028 – 1036.

[39] Headey, D., Ecker, O. Rethinking the Measurement of Food Security: from First Principles to Best practice [J]. Food Security, 2013, 5 (3): 327 – 343.

[40] Heckscher, E. 1919. The Effect of Foreign Trade on the Distribution of Income. Ekonomisk Tidskriff: 497 – 512. Translated as chapter 13 in American Economic Association, Readings in the theory of international trade, 272 - 300. Philadelphia: Blakiston, 1949.

[41] Heerink, N., Kuiper, M. and Shi, X. China's New Rural Income Support Policy: Impacts on Grain Production and Rural Income Inequality [J]. China & World Economy, 2006, 14 (6): 58 – 69.

[42] Hicks, J. R. S. The Theory of Wages [M]. Macmillan, 1932.

[43] Hockmann, H. What Kind of Technological Change for Russian Agriculture? The Transition Crisis of 1991 – 2005 from the Induced Innovation Theory Perspective [J]. Post – Communist Economies, 2007, 19 (1): 35 – 52.

[44] Holst, R., Yu, X. H., Grün, C. Climate Change, Risk and Grain Yield in China [J]. Journal of Integrative Agriculture, 2013, 12 (7): 1279 – 1291.

[45] International Food Policy Research Institute (IFPRI). 2017 Global Hunger Index (GHI), Available online: http: //ghi. ifpri. org/ (accessed on 20 Octorber 2017).

[46] Jones, A. D., Ngure, F. M., Pelto, G., et al. What Are We Assessing When We Measure Food Security: A Compendium and Review of Current Metrics [J]. Advances in Nutrition, 2013, 4 (5): 481 – 490.

[47] Kalirajan, K. P., Obwona, M. B. and Zhao, S. A. Decomposition of Total Factor Productivity Growth: the Case of Chinese Agricultural Growth before and after Reforms [J]. American Journal of Agricultural Economics, 1996, 78 (2): 331 – 338.

[48] Kawagoe, T., Otsuka, K., Hayami, Y. Induced Bias of Technical Change in Agriculture: The United States and Japan, 1880 – 1980 [J]. Journal of Political Economy, 1986, 94 (3): 523 - 544.

[49] Khan, S., Hanjra, M. A., Mu, J. Water Management and Crop Production for Food Security in China: A Review [J]. Agricultural Water Management, 2009, 93 (3): 349 – 360.

[50] Krugman. Paul. Increasing Returns, Monopolastic Competition and International Trade. Journal of International Economics, 1979, 9: 469 – 479.

[51] Lambert, D. K. and Parker, E. Productivity in Chinese Provincial Agriculture [J] . Journal of Agricultural Economics, 1998, 49 (3): 378 -392.

[52] Langrell, S. , P. Ciaian, S. Gomez y Paloma, D. L. Cunningham, J. F. Garnier, F. Isermeyer and A. K. Mishra. 2012. Sustainability and Production Costs in the Global Farming Sector: Comparative Analysis and Methodologies. JRC Scientific and Policy Reports EUR 25436, European Commission, Joint Research Centre.

[53] Li, T. X. , Balezentis, T. , Cao, L. , Zhu, J. et al. Are the Changes in China's Grain Production Sustainable: Extensive and Intensive Development by the LMDI Approach [J] . Sustainability, 2016, 8 (12): 1198.

[54] Li, T. X. , Balezentis, T. , Cao, L. , Zhu, J. et al. , Productivity, Efficiency and Technical Change Direction of China's Grain Production: Application of the Bias - Corrected Malmquist Indices [J] . Technological and Economic Development of Economy, 2017, forthcoming.

[55] Li, T. X. , Yu, W. , Balezentis, T. , Zhu, J. Ji, Y. Rural Demographic Change, Rising Wages and The Restructuring of Chinese Agriculture [J] . China Agricultural Economic Review, 9 (4): 478 - 503, https: //doi. org/10. 1108/CAER - 02 -2016 -0025.

[56] Lu Y. , Jenkins A. , Ferrier R. C. , et al. Addressing China's Grand Challenge of Achieving food Security While Ensuring Environmental Sustainability [J] . Science Advances, 2015, 1 (1): 1 -5.

[57] Meeusen, W. and Van den Broeck, J. Efficiency Estimation from Cobb - Douglas Production Functions with Composed Error [J] . International Economic Review , 1977, 18 (2): 435 -444.

[58] Napasintuwong, O. (2004), "Immigrant Workers and Technological Change: An Induced Innovation Perspective on Florida and U. S. Agriculture", PhD dissertation, U niversity o f Florida, Gainesville, FL.

[59] Napasintuwong, O. and Emerson, R. D. (2006), "Immigrant Workers and Technological Change in U. S. Agriculture: A Profit Maximization Approach of Induced Innovation", paper for the International Association of Agricultural Economists Conference, Gold Coast, August 12 -18.

[60] Norse D. , Lu Y. , Huang J. China's Food Security: Is it a National, Regional or Global Issue? [M] // China and the EU in Context. Palgrave Macmillan UK, 2014: 251 -302.

[61] Ohlin, B. 1933. Interregional and International Trade [M] . Cambridge,

MA: Harvard University Press, 1966.

[62] Olmstead A. L., Rhode P. Induced Innovation in American Agriculture: A Reconsideration [J]. Journal of Political Economy, 1993, 101 (1): 100-118.

[63] Persoz, A. An Error Correction Model of Induced Innovation in UK Agriculture [J]. Applied Economics, 2011, 43 (27): 4081-4094.

[64] Pinstrup-Andersen. P. Food Security: Definition and Measurement [J]. Food Security, 2009 (1): 5-7.

[65] Porter, M. E., Millar, V. E. How Information Gives You Competitive Advantage [J]. Harvard Business Review, 1985, 63 (4): 149-174.

[66] Qureshi M. E., Dixon J, Wood M. Public Policies for Improving Food and Nutrition Security at Different Scales [J]. Food Security, 2015, 7 (2): 393-403.

[67] Radimer K. L., Radimer K. L. Measurement of Household Food Security in the USA and Other Industrialised Countries [J]. Public Health Nutrition, 2002, 5 (6a): 859-864.

[68] Renzaho, A. M. and Mellor, D. Food Security Measurement in Cultural Pluralism: Missing the Point or Conceptual Misunderstanding? [J]. Nutrition, 2010, 26 (1): 1-9.

[69] Reutlinger, S. and K., Knapp. Food Security in Food Deficit Countries. Word Bank Staff Working Paper no 393, World Bank, Washington D. C. 1980.

[70] Ronzon, T. 2013. Literature Review on Cost of Production Methodologies Applied in Sub-Saharan Africa and Asia. Unpublished Manuscript.

[71] Salter, W. E. Productivity and Technical Change [J]. General Information, 1966, 38 (83): 388-394.

[72] Schultz, T. W. Changing Relevance of Agricultural Economics [J]. Journal of Farm Economics, 1964, 46 (5): 1004-1014.

[73] Schumpeter J., Backhaus U. (2003) The Theory of Economic Development. In: Backhaus J. (eds) Joseph Alois Schumpeter. The European Heritage in Economics and the Social Sciences, Vol 1. Springer, Boston, MA.

[74] Shephard, R. W. Theory of Cost and Production Functions [M]. Princeton, New Jersey: Princeton University Press. 1970.

[75] Solow, R. M. On the Structure of Linear Models [J]. Econometrica, 1952, 20 (1): 29-46. doi: 10.2307/1907805.

[76] Solow R. M. A Contribution to the Theory of Economic Growth [J]. Quarterly Journal of Economics, 1956, 70 (1): 65-94.

[77] Solow R. M. Technical Change and the Aggregate Production Function [J]. Review of Economics & Statistics, 1957, 39 (3): 554 -562.

[78] The Economist Intelligence Unit. Global Food Security Index Report 2017. Available online: http: //foodsecurityindex. eiu. com/ (accessed on 20 Octorber 2017).

[79] Weber, W. L. and Domazlicky, B. R. Total Factor Productivity Growth in Manufacturing: A Regional Approach Using Linear Programming [J]. Regional Science & Urban Economics, 1999, 29 (1): 105 -122.

[80] Xin, X. and Qin, F. Decomposition of Agricultural Labor Productivity Growth and Its Regional Disparity in China [J]. China Agricultural Economic Review, 2011, 3 (1): 92 - 100.

[81] Yang, X. Development Structure Change, and Urbanization. Journal of Development Economics, 1991, 34: 199 -222.

[82] Yang, X. A New Theory of Demand and Supply and Emergence of International Trade from Domestic Trade [J]. Pacific Economic Review, 1996, 1 (3): 215 -237.

[83] Yi, F., Sun, D., Zhou, Y. Grain Subsidy, Liquidity Constraints and Food Security - Impact of the Grain Subsidy Program on the Grain - Sown Areas in China [J]. Food Policy, 2015, 50: 114 -124.

[84] Yu, W. and Jensen, H. G. China's Agricultural Policy Transition: Impacts of Recent Reforms and Future Scenarios [J]. Journal of Agricultural Economics, 2010, 61 (2): 343 -368.

[85] Zhang, H. Z. Feeding the Chinese: Wither the Self - Sufficiency Policy? IPP Review. 18 May 2016. Available online: http: //www. ippreview. com/index. php/Home/Blog/single/id/143. html (accessed on 16 November 2016).

[86] Zhang, Y. J. and Brümmer, B. Productivity Change and the Effects of Policy Reform in China's Agriculture since 1979 [J]. Asian - Pacific Economic Literature, 2011, 25 (2): 131 -150.

[87] Zhou Z. Achieving food security in China: past three decades and beyond [J]. China Agricultural Economic Review, 2009, 2 (3): 251 -275.

[88] Zhu, J., Hare, D., Zhong, F. N., Zhou, Z. Y. Grain Promotion and Food Consumption: Analysis of Chinese Provincial Data [J]. Applied Economic Perspective and Policy, 2015, 2: 332 - 345.

[89] Zhu, S., Xu, X., Ren, X. J., Sun, T. H., Oxley, L., Rae, A., Ma,

H. Y. Modeling Technological Bias and Factor Input Behavior in China's Wheat Production Sector [J], Economic Modeling, 2016, 53, 245 –253.

［90］［美］阿瑟·刘易斯．二元经济论［M］，北京：北京经济学院出版社，1989.

［91］安琪，朱晶，林大燕．日本粮食安全政策的历史演变及其启示［J］．世界农业，2017（2）：77 –81 +87.

［92］曹历娟，洪伟．世界粮食危机背景下我国的粮食安全问题［J］．南京农业大学学报（社会科学版），2009，9（2）：32 –37.

［93］陈绍充，王卿．中国粮食安全预警系统构建研究［J］．宏观经济研究，2009（1）：56 –62.

［94］陈书章，宋春晓，宋宁，王济民，马恒运．中国小麦生产技术进步及要素需求与替代行为［J］．中国农村经济，2013（9）：18 –30.

［95］陈甜，肖海峰．中国粮食作物地理集聚的时空演化及效应分析［J］．农业经济与管理，2014（4）：35 –41.

［96］陈卫平．中国农业生产率增长、技术进步与效率变化：1990～2003 年［J］．中国农村观察，2006（1）：18 –23.

［97］陈文佳．中国水稻生产空间布局变迁及影响因素分析［D］．浙江大学，2012.

［98］陈锡文．加快发展现代农业［J］．求是，2013（2）：18 –20.

［99］陈锡文．中国农业发展形势及面临的挑战［J］．农村经济，2015（1）：3 –7.

［100］陈源源，吕昌河，尚凯丽．食物安全的内涵、指标与评价方法综述［J］．中国农学通报，2017，33（22）：158 –164.

［101］成升魁，高利伟，徐增让等．对中国餐饮食物浪费及其资源环境效应的思考［J］．中国软科学，2012（7）：106 –114.

［102］程国强．我国粮价政策改革的逻辑与思路［J］．农业经济问题，2016（2）：4 –9.

［103］程国强．新常态下的农业发展方式面临重大改变［J］．农经，2015（2）：10.

［104］程国强．中国农业政策的支持水平与结构特征［J］．发展研究，2011（9）：42 –51.

［105］程国强．中国农业对外开放：影响、启示与战略选择［J］．中国农村经济，2012（3）：4 –13 +43.

［106］程式华，庞乾林．新时期我国稻米业发展的对策［J］．中国稻米，

2005, 11（3）: 1 – 3.

［107］仇焕广，李登旺，宋洪远．新形势下我国农业发展战略的转变——重新审视我国传统的“粮食安全观”［J］．经济社会体制比较，2015（4）：11 – 19.

［108］戴化勇，钟钰．高库存背景下的粮食安全与政策改革研究［J］．农村经济，2016（5）：42 – 45.

［109］戴天仕，徐现祥．中国的技术进步方向［J］．世界经济，2010（11）：54 – 70.

［110］邓大才．粮食经济安全与粮食自给率［J］．岭南学刊，2003（1）：55 – 58.

［111］邓明．人口年龄结构与中国省际技术进步方向［J］．经济研究，2014（3）：130 – 143.

［112］封志明，孙通，杨艳昭．2003 ~2013 年中国粮食增产格局及其贡献因素研究［J］．自然资源学报，2016（6）：895 – 907.

［113］范丽霞．技术效率、技术进步与粮食生产率增长［J］．经济经纬，2016（3）：31 – 36.

［114］冯海发．中国农业总要素生产率研究［D］．西北农业大学博士学位论文，1989.

［115］冯尧．技术进步、知识产权保护与经济增长［D］．南开大学，2012.

［116］冯昭奎．日本食物自给率变动及其对中国农业的启示［J］．日本研究，2008（4）：1 – 8.

［117］付明辉，祁春节．要素禀赋、技术进步偏向与农业全要素生产率增长——基于 28 个国家的比较分析［J］．中国农村经济，2016（12）：76 – 90.

［118］傅晨，宋慧敏，项美娟．新常态下农业结构调整的任务［J］．南方农村，2016，32（1）：17 – 21.

［119］高林英，王秀峰．论农业的多功能性及其价值［J］．理论前沿，2008（23）：27 – 28.

［120］高强，孔祥智．中国农业结构调整的总体估价与趋势判断［J］．改革，2014（11）：80 – 91.

［121］郭熙保，苏甫．速水佑次郎对农业与发展经济学的贡献［J］．经济学动态，2013（3）：101 – 108.

［122］郭修平．我国粮食自给率波动分析与粮食安全的保障［J］．中国农机化学报，2016，37（5）：258 – 263.

［123］郭燕枝，郭静利，王秀东．粮食安全问题判断的另一视角——我国粮

食自给率和谷物自给率之比较 [J]. 江苏农村经济, 2008 (1): 61 -62.

[124] 海韦尔·琼斯. 现代经济增长理论导引 [M]. 北京: 商务印书馆, 1999.

[125] 何爱, 曾楚宏. 诱致性技术创新: 文献综述及其引申 [J]. 改革, 2010 (6): 45 -48.

[126] 何爱, 徐宗玲. 菲律宾农业发展中的诱致性技术变革偏向: 1970 ~ 2005 [J]. 中国农村经济, 2010 (2): 84 -91.

[127] 侯石安, 赵和楠. 中国粮食安全与农业补贴政策的调整 [J]. 贵州社会科学, 2016 (1): 143 -151.

[128] 胡冰川, 周竹君. 城镇化背景下食品消费的演进路径: 中国经验 [J]. 中国农村观察, 2015 (6): 2 -14, 94.

[129] 胡瑞法, 黄季焜. 农业生产投入要素结构变化与农业技术发展方向 [J]. 中国农村观察, 2001 (6): 9 -16.

[130] 胡瑞法, 冷燕. 中国主要粮食作物的投入与产出研究 [J]. 农业技术经济, 2006 (3): 2 -8.

[131] 胡瑞法, 徐志刚, 应瑞瑶. 城市化与结构调整背景下的中国粮食生产变迁与区域异质性 [J]. 中国软科学, 2014 (11): 71 -86.

[132] 黄季焜, 杨军, 仇焕广. 新时期国家粮食安全战略和政策的思考 [J]. 农业经济问题, 2012 (3): 4 -8.

[133] 黄季焜, 王晓兵, 智华勇, 黄珠容, Scott Rozelle. 粮食直补和农资综合补贴对农业生产的影响 [J]. 农业技术经济, 2011 (1): 4 -12.

[134] 黄金波, 周先波. 中国粮食生产的技术效率与全要素生产率增长: 1978 ~2008 [J]. 南方经济, 2010, 28 (9): 40 - 52.

[135] 黄宗智, 彭玉生. 三大历史性变迁的交汇与中国小规模农业的前景 [J]. 中国社会科学, 2007 (12): 7 -20.

[136] 黄祖辉, 傅琳琳, 李海涛. 我国农业供给侧结构调整: 历史回顾、问题实质与改革重点 [J]. 南京农业大学学报 (社会科学版), 2016, 16 (6): 1 -5, 152.

[137] 贾兴梅. 中国粮食成本收益核算及统计体系完善研究 [D]. 中国农业大学, 2014.

[138] 江松颖, 刘颖, 金雅. 我国粮食综合生产能力影响因素及其变迁分析 [J]. 统计与决策, 2016 (14): 118 -121.

[139] 姜国忠. 论农业多功能贡献视角下城乡关系的调整与重塑——纪念改革开放 30 周年 [J]. 理论探讨, 2008 (5): 1 -5.

[140] 姜松，王钊，黄庆华等．粮食生产中技术进步速度及贡献研究——基于1985—2010年省级面板数据 [J]．农业技术经济，2012 (10)：40-51.

[141] 姜鑫．诱致性农业技术创新模型及中国农业技术变革的实证研究 [J]. 财经论丛，2007 (3)：1-7.

[142] 姜长云，李显戈，董欢．关于我国粮食安全与粮食政策问题的思考——基于谷物自给率与日、韩相关经验的借鉴 [J]．宏观经济研究，2014 (3)：3-10.

[143] 姜长云．关于解决当前粮食库存问题的思考 [J]．中国发展观察，2016 (14)：33-35+7.

[144] 姜长云．中国粮食安全的现状与前景 [J]．经济研究参考，2012 (40)：12-35.

[145] 康明辉．粮食浪费现象及对策刍议 [J]．中国粮食经济，2013 (2)：29-32.

[146] 亢霞，刘秀梅．我国粮食生产的技术效率分析——基于随机前沿分析方法 [J]．中国农村观察，2005 (4)：25-32.

[147] 匡远凤．技术效率、技术进步、要素积累与中国农业经济增长——基于SFA的经验分享 [J]．数量经济技术经济研究，2012，1：3-18.

[148] 雷钦礼．偏向性技术进步的测算与分析 [J]．统计研究，2013，30 (4)：83-91.

[149] 黎东升，曾靖．经济新常态下我国粮食安全面临的挑战 [J]．农业经济问题，2015 (5)：42-47.

[150] 李二玲，朱纪广，李小建．2008年中国种植业地理集聚与专业化格局 [J]．地理科学进展，2012 (8)：1063-1070.

[151] 李谷成．技术效率、技术进步与中国农业生产率增长 [J]．经济评论，2009 (1)：60-68.

[152] 李国祥．农业结构调整对农民增收的效应分析 [J]．中国农村经济，2005 (5)：12-20.

[153] 李国祥．如何认识我国粮食安全形势 [J]．时事报告，2010 (10)：40-41.

[154] 李国祥等．中国粮食安全评论（第1卷） [M]．北京：金城出版社，2015.

[155] 李桦，姚顺波，郭亚军．不同退耕规模农户农业全要素生产率增长的实证分析——基于黄土高原农户调查数据 [J]．中国农村经济，2011 (10)：36-43.

［156］李鹏，谭向勇．粮食直接补贴政策对农民种粮净收益的影响分析——以安徽省为例［J］．农业技术经济，2006（1）：44－48.

［157］李涛．劳动分工与经济增长——杨小凯的增长模型评介［J］．数量经济技术经济研究，1996（8）：79－23.

［158］李天祥，朱晶．近十年来中国粮食内部种植结构调整对水土资源利用的影响分析［J］．中国人口·资源与环境，2014（9）：96－102.

［159］李显戈．基于国际视角的粮食自给率变动研究［J］．世界农业，2015（3）：59－64.

［160］李英，陈立华．我国粮食安全的影响因素及其对策［J］．中国流通经济，2011（12）：85－89.

［161］李宗健．我国粮食生产的技术进步模式和技术效率影响因素分析［D］．东北财经大学，2011.

［162］林大燕，朱晶．中国主要粮食品种比较优势及进口市场结构研究［J］．世界经济研究，2015（2）：115－126.

［163］林毅夫，沈明高．我国农业科技投入选择的探析［J］．农业经济问题，1991（7）：9－13.

［164］林毅夫，李永军．比较优势、竞争优势与发展中国家的经济发展［J］．管理世界，2003（7）：21－28.

［165］刘辉群．竞争力理论的古典经济学渊源——从比较优势到竞争优势［J］．北京工商大学学报（社会科学版），2003（2）：12－13.

［166］刘林青，谭畅．产业国际竞争力的结构观：一个正在涌现的研究域［J］．经济评论，2014（3）：153－160.

［167］刘凌霄．农业产业结构调整的理论方法及应用研究［D］．北京交通大学，2015.

［168］刘顺飞．中国水稻布局变化研究——1978 年至 2004 年［D］．南京农业大学，2007.

［169］刘媛媛．中国农业结构调整效果的测度及评价［D］．西北师范大学，2013.

［170］刘岳平，钟世川．技术进步方向、资本—劳动替代弹性对中国农业经济增长的影响［J］．财经论丛，2016（9）：3－9.

［171］刘忠，黄峰，李保国．基于经验模态分解的中国粮食单产波动特征及影响因素［J］．农业工程学报，2015（2）：7－13.

［172］刘钻石，张娟．比较优势理论研究述评［J］．经济学家，2009（8）：76－83.

［173］陆雪琴，章上峰．技术进步偏向定义及其测度［J］．数量经济技术经济研究，2013（8）：20－34.

［174］罗静．提高农民种粮经济收益是确保国家粮食安全的关键［J］．南京农业大学学报（社会科学版），2010，10（2）：1－6.

［175］罗兴武，谭晶荣，杨兴武．中国大宗农产品进口非关税措施的效应分析——以大豆、棉花、植物油、谷物、食糖为例［J］．农业经济问题，2014，35（3）：62－67＋111.

［176］吕新业，冀县卿．关于中国粮食安全问题的再思考［J］．农业经济问题，2013（9）：17－26.

［177］吕新业．我国粮食安全现状及未来发展战略［J］．农业经济问题，2003（11）：43－47.

［178］马晓河．新形势下的粮食安全问题［J］．世界农业，2016（8）：238－241.

［179］马晓河．中国农业收益与生产成本变动的结构分析［J］．中国农村经济，2011（5）：4－11.

［180］毛学峰，刘冬梅，刘靖．中国大规模粮食进口的现状与未来［J］．中国软科学，2016（1）：59－71.

［181］毛学峰．中国粮食经济研究［M］．北京：中国农业出版社，2016.

［182］倪洪兴，于孔燕，吕向东，刘武兵，马建蕾，徐锐钊，李伟伟．中国农产品贸易面临的挑战及对策［J］．农业展望，2015，11（5）：64－67.

［183］倪洪兴，于孔燕，吕向东等．中国农业贸易开放新观察［J］．江苏农村经济，2016（3）：4－6.

［184］倪洪兴．开放视角下中国粮食安全战略再思考［J］．农村工作通讯，2014（2）：50－51.

［185］倪洪兴．开放条件下农产品价格形成机制与价格政策选择［J］．中国粮食经济，2017（6）：18－26.

［186］牛凯，曹艳，胡亮，向平．中国粮食主产区农业技术进步贡献率的测算与分析［J］．中国农学通报，2014（29）：53－59.

［187］农业部农业贸易促进中心课题组．粮食安全与“非必需进口”控制问题研究［J］．农业经济问题，2016（7）：53－59.

［188］潘士远，史晋川．内生经济增长理论：一个文献综述［J］．经济学（季刊），2002，1（3）：753－786.

［189］庞守林，乔忠，田志宏．中美粮食生产成本及结构差异的竞争影响分析［J］．管理世界，2005（1）：83－90.

［190］彭珂珊．粮食安全：世纪挑战与应对——为我国粮食总产量实现“12连增”而作［J］．首都师范大学学报（自然科学版），2016，37（4）：55－64.

［191］乔娟．中国主要粮食国际竞争力研究［D］．中国农业科学院，2004.

［192］乔晓楠，张欣．美国产业结构变迁及其启示——反思配第—克拉克定律［J］．中国高校社会科学，2012（12）：32－42.

［193］秦富，钟钰，贾伟．主动应对农产品贸易挑战的思考和建议［J］．农业经济问题，2015（11）：4－8.

［194］海韦尔·琼斯．现代经济增长理论导引［M］．北京：商务印书馆，1999.

［195］秦富．资源约束已成为我国粮食增产的瓶颈［J］．城乡统筹，2011：26－26.

［196］全炯振．中国农业全要素生产率增长的实证分析：1978～2007年——基于随机前沿分析（SFA）方法［J］．中国农村经济，2009（9）：36－47.

［197］全世文，于晓华．中国农业政策体系及其国际竞争力［J］．改革，2016（11）：130－138.

［198］尚强民．关于粮食自给率的讨论——兼析粮食供求形势新变化［J］．中国粮食经济，2013（10）：15－18.

［199］石慧，孟令杰，王怀明．中国农业生产率的地区差距及波动性研究——基于随机前沿生产函数的分析［J］．经济科学，2008（3）：20－33.

［200］宋洪远．实现粮食供求平衡保障国家粮食安全［J］．南京农业大学学报（社会科学版），2016，16（4）：1－11.

［201］速水佑次郎，神门善久．发展经济学：从贫困到富裕［M］．北京：社会科学文献出版社，2009.

［202］速水佑次郎，神门善久．农业经济论（新版）［M］．北京：中国农业出版社，2003.

［203］速水佑次郎，弗农·拉坦．农业发展：国际前景（新版）［M］. 北京：商务印书馆，2014.

［204］速水佑次郎，弗农·拉坦．农业发展的国际分析［M］．北京：中国社会科学出版社，2001.

［205］孙艳香，肖文．技术进步方向理论综述及前景展望［J］．科技与经济，2014，27（5）：1－5.

［206］唐茂华，黄少安．农业比较收益低吗？——基于不同成本收益核算框架的比较分析及政策含义［J］．中南财经政法大学学报，2011（4）：53－59.

［207］滕瑜，李天祥，于之倩．中国就业变化的因素与潜力分析［J］．中

国软科学, 2016 (7): 33 – 42.

[208] 田甜, 李隆玲, 黄东, 武拉平. 未来中国粮食增产将主要依靠什么? ——基于粮食生产"十连增"的分析 [J]. 中国农村经济, 2015 (6): 13 – 22.

[209] 万宝瑞. 加快提高我国农业竞争力的思考 [J]. 农业经济问题, 2016 (4): 4 – 8.

[210] 王济民, 肖红波. 我国粮食八年增产的性质与前景 [J]. 农业经济问题, 2013 (2): 22 – 31.

[211] 王健, 陆文聪. 市场化、国际化背景下中国粮食安全分析及对策研究 [M]. 杭州: 浙江大学出版社, 2007.

[212] 王俊, 胡雍. 中国制造业技能偏向技术进步的测度与分析 [J]. 数量经济技术经济研究, 2015 (1): 82 – 96.

[213] 王立全, 李仪芳, 史小忆. 文献综述: 基于粮食安全战略的农业结构调整研究 [J]. 农业部管理干部学院学报, 2016 (1): 26 – 31.

[214] 王灵恩, 成升魁, 刘刚等. 中国食物浪费研究的理论与方法探析[J]. 自然资源学报, 2015, 30 (5): 715 – 724.

[215] 王美艳. 农民工还能返回农业吗? ——来自全国农产品成本收益调查数据的分析 [J]. 中国农村观察, 2011 (1): 20 – 30, 96.

[216] 王欧, 杨进. 农业补贴对中国农户粮食生产的影响 [J]. 中国农村经济, 2014 (5): 20 – 28.

[217] 王思明. 中国近代农业生产结构的变化及其动因分析 [J]. 南京农业大学学报 (社会科学版), 2001 (1): 91 – 100.

[218] 魏丹, 王雅鹏. 技术进步对三种主要粮食作物增长的贡献率研究 [J]. 农业技术经济, 2010 (12): 94 – 99.

[219] 魏金义, 祁春节. 农业技术进步与要素禀赋的耦合协调度测算 [J]. 中国人口·资源与环境, 2015 (1): 90 – 96.

[220] 魏金义. 要素禀赋变化、技术进步偏向与农业经济增长研究 [D]. 华中农业大学, 2016.

[221] 翁鸣. 中国粮食市场挤压效应的成因分析 [J]. 中国农村经济, 2015 (11): 29 – 39.

[222] 吴丽丽, 李谷成, 周晓时. 中国粮食生产要素之间的替代关系研究——基于劳动力成本上升的背景 [J]. 中南财经政法大学学报, 2016 (2): 140 – 148, 160.

[223] 吴丽丽. 劳动力成本上升对我国农业生产的影响研究 [D]. 华中农

业大学，2016.

［224］吴勇民．技术进步与金融结构的协同演化研究：理论和实证［D］．吉林大学，2014.

［225］武舜臣，王静，王雪友．中国区域农业技术进步偏向与要素结构匹配研究［J］．中国科技论坛，2016（6）：148－154.

［226］肖洪波，王济民．新世纪以来我国粮食综合技术效率和全要素生产率分析［J］．2012（1）：36－46.

［227］谢恩魁，张俊杰，黄天柱．关于农业结构调整几个问题的思考［J］．西北大学学报（哲学社会科学版），2002，32（4）：91－93.

［228］谢杰．中国粮食生产影响因素研究［J］．经济问题探索，2007（9）：36－40.

［229］辛翔飞，张怡，王济民．我国粮食补贴政策效果评价——基于粮食生产和农民收入的视角［J］．经济问题，2016（2）：92－96.

［230］星焱，胡小平．中国新一轮粮食增产的影响因素分析：2004～2011年［J］．中国农村经济，2013（6）：14－26.

［231］熊德平．农业产业结构调整的涵义、关键、问题与对策［J］．农业经济问题，2002（6）：20－25.

［232］许庆，尹荣梁，章辉．规模经济、规模报酬与农业适度规模经营——基于我国粮食生产的实证研究［J］．经济研究，2011，3：59－71.

［233］徐志刚．比较优势与中国农业生产结构调整［D］．南京农业大学，2001.

［234］薛绍华．论我国农业结构战略性调整［J］．农业经济，2001（9）：18－19.

［235］杨万江，陈文佳．中国水稻生产空间布局变迁及影响因素分析［J］．经济地理，2011，31（12）：2086－2093.

［236］杨巍．我国粮食作物技术进步模式的经济学分析［D］．中国农业科学院，2007.

［237］杨小凯，张永生．新贸易理论、比较利益理论及其经验研究的新成果：文献综述［J］．经济学（季刊），2001，1（1）：19－44.

［238］杨秀玉，刘平方，韩笑．日本食物自给率的变化及形成原因分析［J］．世界农业，2014（8）：161－165.

［239］杨泳冰，易福金，胡浩．农业环境对粮食生产收益的新挑战——以近地面臭氧污染下的冬小麦种植为例［J］．中国农村经济，2016（9）：72－82.

［240］杨宇．劳动力转移、技术诱导及其实现条件：477个样本［J］．改

革，2012（7）：88－95.

［241］叶春辉．比较优势与中国种植业生产结构调整［D］．南京农业大学，2004.

［242］叶兴庆．我国农业支持政策转型：从增产导向到竞争力导向［J］．改革，2017（3）：19－34.

［243］叶兴庆．“健康产能”的增长如何跑赢“有毒产能”的退出［J］．中国发展观察，2014a（2）：10－11.

［244］叶兴庆．演进轨迹、困境摆脱与转变我国农业发展方式的政策选择［J］．改革，2016（6）：22－39.

［245］叶兴庆．准确把握国家粮食安全战略的四个新变化［J］．中国发展观察，2014b（1）：13－ 14.

［246］尹朝静，范丽霞，李谷成等．劳动力成本上升背景下油菜生产发展方式转型研究［J］．中国农业大学学报，2015，20（6）：297－304.

［247］尹风雨，龚波．中国粮食自给率现状及其测算方法改进研究［J］．湖南科技大学学报（社会科学版），2017，20（2）：122－127.

［248］于晓华，Bruemmer Bernhard，钟甫宁．如何保障中国粮食安全［J］．农业技术经济，2012（2）：36－48.

［249］袁开智．中国农业技术进步率测算及分解（1985～2005）［D］．中国农业科学院，2008.

［250］袁隆平．技术进步是解决未来粮食短缺的唯一途径［J］．农村工作通讯，2011（23）：15－ 16.

［251］袁宁．粮食补贴政策对农户种粮积极性的影响研究——基于农户问卷调查的实证研究［J］．上海财经大学学报，2013（2）：63－70.

［252］翟虎渠．关于中国粮食安全战略的思考［J］．农业经济问题，2011，32（9）：4－7＋110.

［253］翟虎渠．技术进步：粮食增产的重要支撑［J］．求是，2010（5）：51－53.

［254］张兵，刘丹．当前农业结构战略性调整需要关注的问题［J］．农业经济问题，2013，34（8）：26－31.

［255］张红宇，赵革．新农村建设要充分释放农业的多重功能［J］．新视野，2006（4）：3－6.

［256］张九汉．农业结构调整问题的再认识［J］．农业经济问题，2001，22（5）：29－ 33.

［257］张俊，钟春平．偏向型技术进步理论：研究进展及争议［J］．经济

评论，2014（5）：148－160.

［258］张乐，曹静．中国农业全要素生产率增长：配置效率变化的引入——基于随机前沿生产函数法的实证分析［J］．中国农村经济，2013（3）：4－15.

［259］张利国，陈苏．中国人均粮食占有量时空演变及驱动因素［J］．经济地理，2015，35（3）：171－177.

［260］张利国．我国区域粮食安全演变：1949～2008［J］．经济地理，2011，31（5）：833－838.

［261］张莉琴．我国农产品的进口关税水平及税率结构安排［J］．中国农村经济，2005（7）：51－57.

［262］张玲燕，唐焱．中国不同地区粮食生产要素的贡献测量［J］．地域研究与开发，2014（6）：137－140，146.

［263］张雄辉，范爱军．技术进步、技术效率与我国经济增长的实证分析［J］．科技进步与对策，2010，27（5）：5－9.

［264］张营周．我国粮食单产及其影响因素的协整分析［J］．生态经济，2010（8）：129－132.

［265］张元红，刘长全，国鲁来．中国粮食安全状况评价与战略思考［J］．中国农村观察，2015（1）：2－14

［266］赵春艳．比较优势与竞争优势的关联机理及转化机制研究［D］．武汉理工大学，2010.

［267］赵辉．新古典经济增长理论的发展脉络及评论［J］．生产力研究，2010（12）：35－36.

［268］赵文，程杰．中国农业全要素生产率的重新考察——对基础数据的修正和两种方法的比较［J］．中国农村经济，2011（10）：4－15.

［269］赵长和．当下中国三大主粮库存积压的原因分析［J］．农业展望，2016（3）：18－22.

［270］郑旭媛，徐志刚．资源禀赋约束、要素替代与诱致性技术变迁——以中国粮食生产的机械化为例［J］．经济学（季刊），2017（1）：45－66.

［271］郑旭媛，徐志刚，应瑞瑶．城市化与结构调整背景下的中国粮食生产变迁与区域异质性［J］．中国软科学，2014（11）：71－86.

［272］钟甫宁，陆五一，徐志刚．农村劳动力外出务工不利于粮食生产吗？——对农户要素替代与种植结构调整行为及约束条件的解析［J］．中国农村经济，2016（7）：36－47.

［273］钟甫宁，向晶．城镇化对粮食需求的影响——基于热量消费视角的分析［J］．农业技术经济，2012（1）：4－10.

[274] 钟甫宁，朱晶．结构调整在我国农业增长中的作用 [J]．中国农村经济，2000 (7)：4 -7.

[275] 钟甫宁．关于当前粮食安全的形势判断和政策建议 [J]．农业经济与管理，2011 (1)：5 -8.

[276] 钟甫宁．正确认识粮食安全和农业劳动力成本问题 [J]．农业经济问题，2016 (1)：4 -9.

[277] 周应恒，赵文，张晓敏．近期中国主要农业国内支持政策评估 [J]．农业经济问题，2009 (5)：4 -11 +110.

[278] 朱晶．贫困缺粮地区的粮食消费和食品安全 [J]．经济学（季刊），2003，2 (2)：701 -710.

[279] 朱晶，晋乐．农业基础设施与粮食生产成本的关联度 [J]．改革，2016 (11)：74 -84.

[280] 朱晶，李天祥，林大燕，钟甫宁．"九连增" 后的思考：粮食内部结构调整的贡献及未来潜力分析 [J]．农业经济问题，2013，34 (11)：36 -43.

[281] 朱晶，李天祥，朱珏．江苏省粮食增产的贡献因素分解与测算（2004 ~2013 年）——基于粮食内部种植结构调整的视角 [J]．华东经济管理，2015，29 (3)：11 -16.

[282] 朱晶，吴国松．中国农产品非关税贸易措施的保护效果研究 [J]．农业技术经济，2012 (2)：9 -19.

[283] 朱晶，钟甫宁．粮食生产波动的国际比较看我国利用世界市场稳定国内供应的可行性 [J]．国际贸易问题，2000 (4)：1 -6.

[284] 朱晶，钟甫宁．市场整合、储备规模与粮食安全 [J]．南京农业大学学报（社会科学版），2004a，4 (3)：19 -23.

[285] 朱晶，钟甫宁．入世后我国与世界粮食生产的波动比较与市场融合 [J]．现代经济探讨，2004b (12)：18 -21.

[286] 朱满德，程国强．中国农业的黄箱政策支持水平评估：源于 WTO 规则一致性 [J]．改革，2015 (5)：58 -66.

[287] 朱希刚．我国农业技术进步贡献率测算方法 [M]．北京：中国农业出版社，1997.

[288] 庄丽娟．比较优势、竞争优势与农业国际竞争力分析框架 [J]．农业经济问题，2004 (3)：59 -61.

后 记

本书是在我的博士学位论文的基础上修改完成的。博士学位论文从选题、构思、开题、中期到答辩，都得到了众多师长和专家的帮助与支持。回首过往，点点滴滴历历在目，沉淀下来的是满满的感恩与敬意。

衷心感谢我攻读硕士和博士学位期间的导师——南京农业大学朱晶教授。恩师渊博的学识、严谨的治学态度、虚怀若谷的胸襟、宽宏仁厚的师表风范、细致周全的处世风格，让我在耳濡目染中饱受熏陶、获益终生。感谢恩师在学术上对我的启迪和培养。多年前初遇恩师时的情景至今仍然记忆犹新：从最初针对一个小问题的课堂讨论，到办公室促膝长谈，再到手把手地指导我一步一步阅读文献、收集数据证明讨论的观点、写作学术论文，而后不厌其烦地修改和完善论文的框架、语言和写作规范，最终在历时近两年、修订十余次后论文才得以在高水平刊物上顺利投稿发表。正是过往无数次这样的讨论、交流和训练，培养了我对科研的兴趣和热情，增长了我开展科研的技能和本领，并最终引领我走上了学术研究的道路。恩师对我的培养和教诲，也必将长久地影响我日后的工作和生活。在本书付梓之际，谨在此向恩师致以崇高的敬意和深深的感激之情。

衷心感谢我在丹麦哥本哈根大学联合培养期间的指导老师余武胜教授。在丹麦访学一年，承蒙余老师及家人的接收、帮助和在生活起居上的诸多关照，使我得以度过一段轻松、惬意的美好时光。感谢恩师在英文论文写作上对我的悉心指点和教导。每次拜读师之作品，逻辑之清晰、语言之流畅、观点之新颖，总能让人有醍醐灌顶、如沐春风之感，钦佩羡慕之情油然而生。同时，恩师在多次修改我论文的过程中所体现出的严谨、认真和耐心的治学精神，也令我印象深刻。恩师温文尔雅的个性、乐观豁达的生活态度、积极健康的生活方式，以及游刃有余地平衡工作、休闲、家庭生活的能力，也是我学习的榜样。

由衷感谢南京农业大学经管学院的各位老师在本科、硕士及博士阶段对我的培养和教导。感谢尊敬的钟甫宁教授，过往的学习生涯有幸得到过钟老师的很多指点、鼓励和帮助。先生学识渊博、大师风范，一直是我最尊崇的偶像。感谢周应恒教授、应瑞瑶教授、徐翔教授、徐志刚教授、何军教授、林光华教授、陈东平教授、胡浩教授、苏群教授、耿献辉教授、周曙东教授、周宏教授、易福金教授、刘华教授、周力教授、李祥妹教授、冯淑怡教授、蔡忠洲教授、苗齐副教授、纪月清副教授、展进涛副教授、王学君副教授、田曦副教授、巩师恩副教授、田旭副教授、孙顶强副教授、严斌剑副教授、周德副教授、张兵兵老师、熊航老师、虞祎老师、吴蓓蓓老师、张梅老师、夏德峰老师、张扬老师等帮助过、关心过我的老师和同仁们。感谢南京农业大学经管学院科研办、资料室的其他各位老师及丹麦哥本哈根大学食物与资源经济系的相关工作人员为我的工作和生活提供的种种便利。

感谢我的师兄师姐——曹历娟博士、滕瑜博士、陈建琼博士、洪伟博士、林大燕博士、张姝博士、王军英博士等对我的关怀和帮助。感谢立陶宛农业经济研究所 Tomas Balezentis 研究员、法国里尔经济管理学院沈智扬博士、中国国际广播电台陈雪丽博士和丹麦哥本哈根大学食物与资源经济系的各位同事给予的友谊及关照。感谢我在南京农业大学同师门的兄弟姐妹们——张腾飞、张玉娥、晋乐、杨帆、魏艳娇、徐志远、朱珏、全晓云、安琪、朱鑫鑫、陈晓燕、林兴虹、徐亮、殷磊磊、毕颖、岳志颖、董丹丹、陈鑫霞、臧心月、曹静、韩章鹤、吴骏等。感谢博士阶段的同窗——赵明正博士、陈杰博士、熊皛白博士、杨泳冰博士、帖明博士、王亚楠博士、王全忠博士、郑旭媛博士、郑薇薇博士、廖晓静博士、张晓恒博士、卢华博士等。

感谢中国博士后科学基金面上项目"供给侧改革下中国粮食供求平衡与粮食安全政策选择研究"（编号：2017M621766）、国家社会科学基金重大招标项目"完善粮食安全保障体系研究"（编号：14ZDA038）、国家自然科学基金面上项目"劳动成本与资源约束背景下中国农业生产结构变迁与农产品比较优势动态研究"（编号：71673142）、国家自然科学基金面上项目"膳食引导、饮食结构调整与中国食物消费需求——基于消费习惯形成的视角"（编号：71773051）、江苏省优势学科建设工程资助项目、南京农业大学中国粮食安全研究中心，对本书写作和出版所提供的资助。

最后，还要特别感谢我的父亲李绍勤先生、母亲刘喜和女士，谢谢他们一直以来对我的悉心教导、默默支持和无私奉献；感谢我的妹妹、妹夫和可爱的小外甥，谢谢他们在我常年在外期间对父母的照料和陪伴；感谢我的舅舅刘金波先生、叔叔李绍进先生及其他所有家人、亲戚和朋友对我一贯的关怀和支持。

希望此书对于未来我国粮食安全问题的研究能够有所启发和贡献，谨以此书献给所有关心和帮助我的人！

李天祥

2018 年 1 月